KB121805

유럽 캠핑 30일

유럽 캠핑 30일

초판 1쇄 발행 2022년 6월 22일
초판 2쇄 발행 2023년 8월 17일

지은이 안수지
발행인 김시경
발행처 M31

ⓒ 2022, 안수지

출판등록 제2017-000079호 (2017년 12월 11일)
주소 경기도 김포시 김포한강2로 11, 109-1502
전화 070-7695-2044
팩스 070-7655-2044
전자우편 ufo2044@gmail.com

ISBN 979-11-91095-12-8 03920

* 저작권법에 의하여 한국 내에서 보호를 받는 저작물이므로 무단전재와 무단복제를 금지합니다.
* 잘못된 책이나 파손된 책은 구입하신 서점에서 교환해 드립니다.

ONE MONTH
EUROPE
CAMPING
유럽 캠핑 30일

글·사진 안수지

M 31

신혼여행 잘 다녀오겠습니다!

"우와, 여기가 어디야? 지구에 있는 곳이긴 해?"

쭌의 컴퓨터 화면에 떠 있는 엄청난 풍경의 사진을 본 내가 물었다.

"응, '돌로미티'라고 알프스산맥 중에 이탈리아에 있는 곳이야. 진짜 멋있지!"

한동안 둘 다 아무 말 없이 그 모습을 넋을 잃고 바라본다.

그러다가 내가 대뜸,

"우리 저기 가자."

"엥, 갑자기 무슨 수로 가?"

"결혼해서 신혼여행으로 가면 되지. (스마트폰의 달력을 잠시 보는 나) 6월 셋째 주 토요일 시간 어때?"

그가 얼결에 대답한다.

"괜찮아."

"그날 결혼하자."

지금 결혼하러 갑니다

그렇게 우리는 결혼했다.

나는 인터넷으로 하얀 원피스와 구두, 면사포를 급하게 사고 준은 그가 가진 단벌 양복을 꺼냈다. 둘이 다니는 100년이 넘은 교회의 김기석 목사님께 연락을 드려 날을 확정했고, 친한 사람들에게 이 소식을 전했다.

3년의 연애 기간 동안 결혼에 대한 특별한 계획이 없던 우리는 이탈리아의 '돌로미티' 사진 한 장으로 이렇게 일사천리 부부가 되었다.

그리고 유럽행 왕복 비행기 티켓값이 가장 쌌던 6월 20일,

장장 30일간의 신혼(캠핑)여행 첫날이 정말 다가왔다.

비행기 수하물은 1인당 23kg의 짐 하나씩만 가능하다는 사실을 출발하는 당일 아침에야 알았다. 헉, 세 개의 짐을 두 개로 줄여야 한다! 급하게 엄마한테 큰 캐리어를 빌려 우왕좌왕 끝에 간신히 해결했다. 그런데 공항까지 데려다준다던 지인이 전화를 안 받는다. 어쩔 수 없이 커다란 짐을 끌고(어제 이마트를 다 털었음) 겨우 택시를 잡아 타고 공항철도 역으로 가는데 길이 꽉 막혀 움직이지 않는다. 알고 보니 바로 앞에서 교통사고가 난 것. 그렇게 힘겹게 공항에 도착해서 셀프 체크인을 하는데, 비행기에 자리가 거의 없다!!! 어마어마하게 큰 2층짜리 비행기인데도 나란히 붙은 두 자리가 없다니. 결국 따로 앉는 걸로 체크인. 으앙앙. 신혼여행인데!

앞뒤로 앉아 가는 신혼여행

해외여행을 갈 때마다 사랑하는 사람과 옆자리에 앉으면 얼마나 알콩달콩 재미있을까 상상했었는데, 모르는 분과 데면데면하게 11시간을 가야 한다. 게다가 출발시간이 훌쩍 지났는데 이륙은 왜 안 하는 거지? 알고 보니 중국 상공에 비행기가 많아서 출발이 지연된단다. 자꾸 왜 이러냐. 흑. 결국 한참이 지나 비행기가 하늘로 올랐다.

이륙하고 한 시간 정도 지나자 밥이 나온다. 그것도 뭔가 문제가 생겨서 옆줄이 식사를 다 마칠 때쯤 되어

결혼 직후 실컷 구경한 남편 뒤통수

서야 밥을 받았다. 오늘 뭐가 하나도 매끈하게 풀리는 일이 없다.

낙지 덮밥과 미역국. 냄새가 좋네?

어머, 여대 앞의 분식점 낙지 덮밥 같다. 아주 가벼운 레시피와 재료로 혀끝에 즐거움을 주는 그런 맛. 슴슴 꼬독한 오이지를 올려서 한입 크게 먹으니, 급 기분이 좋아진다.

파리행 대한항공 기내식 한 상

맞아, 이런 거지. 여행이.

좌충우돌 시행착오가 가득한 경험을 하는 거잖아. 늘 익숙하고 편안한 상황을 유지하려고 낯선 곳으로 떠나는 게 아니잖아. 그런 긍정의 마음이 슬며시 차오르면서 어느새 기분이 좋아진다.

기대보단 맛있었던 낙지볶음에 기분이 업!

드디어 프랑스 파리에 도착, 여기서 체코로 가는 비행기로 환승을 해야 한다. 파리 공항, 그 규모가 어마어마하다. 터미널 건물의 수도 많고. 서두른다고 서둘렀는데도 시간이 부족하다. 땀나게 뛰기 시작, 심장이 쫄깃하다. 뛰면서도 환승 비행기를 놓치면 어떻게 되는 건지 걱정이 앞선다. 이번 여행은 정말 처음부터 지금까지 심상치가 않구나. 아이고, 소리가 절로 나온다. 5분을 남기고 땀이 범벅이 되어 겨우 비행기에 탔다. 휴우.

그러나 여기서 끝이 아니었다. 체코 공항에 도착해서 짐이 나오길 기다리는데, 아무리 지나도 캐리어 하나가 안 보인다. 공항 직원에게 손짓 발짓 다 하며 알아보니,

파리에서 안 왔단다. 오 마이 갓.

더 이상 말할 아니, 쓸 기운도 없지만
어찌됐건 우린 이렇게 체코에 도착했다.

여행의 시작!

여행 + 캠핑 + 유럽

우리는 대부분의 시간을 익숙한 공간에서 예정된 행동을 하면서 보내지만 완전히 통제된 순간만이 인생에 가득하기를 바라지는 않는다. 우리는 간헐적일지라도 낯선 자극과 도전을 원하고 그 안에서 스스로를 새롭게 발견한다. 그리고 가장 가볍게 통제된 일상을 벗어날 수 있는 행동은 여행이다.

이 이야기는 결혼이라는 새로운 시작 앞에 둘이서 겪어나간 30일 동안의 '작은 모험기'다. 쭌은 이 여행을 떠나기 전에 장기 해외여행 경험이 없었고 나는 장기 캠핑 경험이 없었다. 마치 앞으로의 삶이 그럴 것처럼 한 달 동안 우리는 서로에게 물리적으로 상호 보완적인 관계였다. 가령 '끝내주는 경치 아래에서 맥주 마시기' 같은 작은 보상을 달성하기 위해 우리는 각자의 능력을 최대한 발휘해야 했다. 30일 중에 단 하루도 사건이 없는 날은 없었던 것 같다. 흔히 '삶은 여행'이라는 말을 종종 듣는다. 여행은 익숙한 공간을 벗어나 낯설고 혼란스러운 공간으로 이동하는 일이지만 삶이라고 뭐 그렇게 다를까? 원하든 원치 않든 사건은 늘 우리 앞에 일어난다.

〈스타워즈〉, 〈반지의 제왕〉, 〈주몽신화〉, 〈미스터 선샤인〉 등 많은 이야기 속에서 주인공은 길을 떠난다. 길에서 사람을 만나고 고난을 겪고 성장한다. 당신도 당신의 어느 장면에서 주인공이길 바란다.

여행의 준비
———
시작은 모니터에 뜬 사진 한 장이지만 그걸 실제로 눈앞에서 보기 위해서는 많은 노력이 필요했다.

시간. 아무리 둘 다 프리랜서라고는 하지만 각자의 일상에 촘촘하게 엮인 사람들에게서 30일이라는 시간을 떠나오기 위해서는 모두가 납득할 만한 명분이 필요했다. 여행을 떠나기에 결혼 그리고 신혼여행만 한 명분이 없었다.

비용. 두 사람이 유럽에서 한 달 동안 여행을 다니려면 꽤 많은 비용이 들어간다. 고민 끝에 우리는 집을 가지고 다니기로했다. 유럽은 아웃도어의 원산지라고 해도 과언이 아닐만큼 어느 나라 어느 도시를 가도 주변에 훌륭한 캠핑장이 있다. 오스트리아의 할슈타트, 잘츠부르크 같은 유명 관광도시는 물론이고 여행의 목적지였던 이탈리아 돌로미티 주변에도 무수히 많은 캠핑장이 있다. 캠핑을 하면 잠자리와 먹거리가 한결 저렴하게 해결된다. 그리고 차를 렌트하면 이동이 자유롭고 대중교통이 비싼 유럽에서 장기간 두 사람의 교통비도 절감된다. 비용 측면과 별도로 유럽의 아름다운 자연 바로 곁에서 잠들 수 있다는 매력적인 이점도 있다.

여행을 시작하면서 인·아웃을 체코 프라하로 잡은 이유는 자동차 렌트 비용이 서유럽 대비 절반이었기 때문이다. 물론 다른 물가도 인근

국가인 오스트리아, 이탈리아보다 저렴하기에 현지에서 구입해야 하는 물품들도 최대한 프라하에서 구입했다. 프라하 시내 중심 화약탑 인근에는 대형 아웃도어 매장 락포인트(Prodejna Rock Point)가 있다. 우리나라 규격에 맞는 이소부탄 캠핑가스도 취급한다.

프라하 락포인트

항공권 예약과 자동차 렌트는 스카이 스캐너 그리고 숙소 예약은 에어비앤비와 아고다를 이용했다.

우리는 이렇게 떠나왔다. 여행의 시작과 끝은 프라하였지만 본문은 첫 번째 캠핑지 체스키 크룸로프에서 시작해서 체코 제2의 도시 브르노로 끝난다. 그리고 2022년 6월 13일 다시 같은 길로 여행을 떠난다. 그러니까 이 책이 출간된 시점 우리는 책의 내용과 같은 곳을 여행하고 있을 것이다. 실시간으로 여행지의 풍경을 보고 싶다면 유튜브 채널을 방문하기 바란다.

안수지 유튜브 채널

간단한 캠핑 장비 소개

사실 우리 장비는 낡고 오래되고 저렴한 것들이라 대단히 권장할 만한 것은 아니다. 다만 캠핑을 처음 시작하는 분들에게 대략 이런 것들이 사용된다는 점을 알려드리는 것은 의미가 있을 것 같다. 간단하게 말해 집을 벗어나 자연에서 잠깐 지내다 돌아오기에 필요한 물건 정도로 생각하면 될 것 같다. 대략 이 정도만 갖추면 어디든지 갈 수 있다.

① **가스 버너** : 취사용. 코베아 제품
② **타프** : 야외에서 지붕을 만든다. 백컨트리 제품
③ **텐트 폴대**
④ **텐트** : 말 그대로 집이다. 에코로바(회사가 없어졌다) 제품
⑤ **하계용 침낭** : 이불, 얇은 오리털 침낭이다. 빅아그네스 제품
⑥ **폼 매트** : 바닥에 깔고 잔다. 써머레스트 제품
⑦ **바닥 매트** : 텐트 바닥 전체에 깔아준다. 와일드트렉 제품
⑧ **반합** : 냄비와 그릇. 코펠 대용으로 가지고 다닌다. 독일제
⑨ **헤드렌턴** : 조명. 다용도로 쓸 수 있다. 블랙다이아몬드 제품
⑩ **에어매트** : 바닥이 거칠 때 사용했다. 다용도로 활용이 가능하다. 클라이밋 제품
⑪ **의자** : 표지에 우리가 앉아 있는 그 의자. 초경량이다. 헬리녹스 제품
⑫ **칼** : 다용도로 쓰인다. 비행기에 가지고 탈 수 없다. 오피넬 제품
⑬ **스포크** : 수저와 젓가락 대용. 씨투써밋 제품

차례

신혼여행 잘 다녀오겠습니다! 4
여행 + 캠핑 + 유럽 9
간단한 캠핑 장비 소개 12

#1 체코
체스키 크룸로프

캠프 노바 스폴리 18 | 우리도 그들처럼 24 | 체스키 크룸로프 역사지구 32 | 체스키 크룸로프 맛집 40 | 굿바이, 체코! 47

01 캠프 노바 스폴리 54

#2 오스트리아
할슈타트

체코에서 오스트리아로 58 | 캠핑 테멜 64 | 캠핑 테멜의 아침 70 | 다흐슈타인에 오르자 72 | 다흐슈타인 하이킹 76 | 할슈타트 82 | 여행,을 쉬는 날 88 | 고사우 호수 92

02 캠핑 테멜 102

#3 오스트리아
잘츠부르크

캠프 24 106 | 미라벨 정원, 사운드 오브 뮤직을 찾아라 111 | 스티글 브루어리, 모차르트가 사랑한 맥주 117 | 잘츠부르크 둘러보기 120 | 아시아 마트, 유럽 여행의 오아시스 124

03 캠프 24 128

#4 오스트리아
인스부르크

인스부르크, 한 템포 쉬어 가기 132 | 빙하수 쏟아지는 강가에서 점심을 137 | 올드타운 이모저모 141

#5 **스위스**
쿠어

천사의 집으로 *148* | 마을 구경 *152* | 쿠어를 떠나며 *156*

#6 **스위스**
그린델발트

달력 사진 속에 도착 *160* | 캠핑 홀드리오 *163* | 그린델발트 하이킹 *173* | 피르스트, 바흐 알프제 *180* | 트로티 바이크 *183*

04 캠핑 홀드리오 *188*

#7 **이탈리아**
마카뇨

어디로 갈까 *192* | 캠핑 리도 *196* | 마조레 호수 *201*

05 캠핑 리도 *208*

#8 **이탈리아**
베르가모

정말 그곳으로 *212* | 베르가모 에어비앤비 *215* | 베르가모 신시가 치타 바사 *219* | 베르가모 구시가 치타 알타 *223*

#9 **이탈리아**
돌로미티

돌로미티 아래 베이스 캠프로 *236* | 캠핑 토블라케르 제 *241* | 프라그세르 호수 *243* | 돌로미티에 첫 발을 *248* | 첫 번째 산장 아우론조 *254* | 트레치메 디 라바레도, 돌로미티의 심장이여 *259* | 로카텔리 산장 *267* | 돌로미티 산중을 헤매다 *269* | 센지아 산장 *275* | 돌로미티 봉우리, 구름의 춤 *283* | 돌로미티와 작별. 꼭 또 올게. 더 머물게. *288*

06 캠핑 토블라케르 제 *296*

#10 **오스트리아**
리엔츠

컴포트 캠핑 팔켄 *300* | 리엔츠 *304* | 문라이트 쇼핑 데이 *306*

07
컴포트 캠핑 팔켄 *312*

#11 **오스트리아**
블루마우

로크너 바트 블루마우 *316* | 어둠 속의 집 *323*

#12 **오스트리아**
빈

오스트리아 빈 입성 *328* | 벨베데레 궁전 *332* | 프라터 공원 *340*

#13 **체코**
브르노

체코 제2의 도시, 브르노 *344* | 양배추 마켓 광장 *347* | 성 베드로 성 바울 대성당 *350* |
슈필베르크 성 *354*

에필로그 *358*

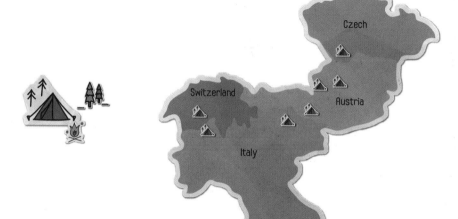

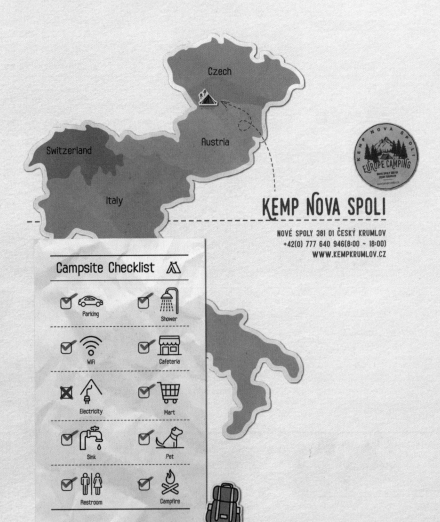

Czech

Austria

Switzerland

Italy

KEMP NOVA SPOLI

NOVÉ SPOLY 381 01 ČESKÝ KRUMLOV
+42(0) 777 640 946(8:00 ~ 18:00)
WWW.KEMPKRUMLOV.CZ

Campsite Checklist

- ☑ Parking
- ☑ Shower
- ☑ WiFi
- ☑ Cafeteria
- ☒ Electricity
- ☑ Mart
- ☑ Sink
- ☑ Pet
- ☑ Restroom
- ☑ Campfire

#1 체코
체스키 크룸로프

캠프 노바 스폴리
우리도 그들처럼
체스키 크룸로프 역사지구
체스키 크룸로프 맛집
굿바이, 체코!

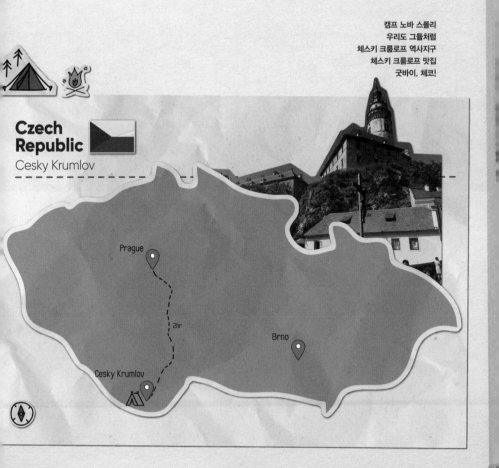

Czech Republic
Cesky Krumlov

Prague

2hr

Brno

Cesky Krumlov

캠프 노바 스폴리
Kemp Nova Spoli

체코 현지인의 여름 휴양지 캠프 노바 스폴리

프라하에서 남쪽으로 두 시간 정도 차로 내려가면 체코에서 두 번째로 유명한 관광지 체스키 크룸로프가 나온다. 유명하다고는 해도 그리 크지 않은 도시라, 보통은 당일치기 관광을 많이 하는데, 우리는 대망의 첫 캠핑지를 이곳으로 잡았다. 그래서 좀 더 특별한 기분이 든다. 우리가 머물 '캠프 노바 스폴리'는 관광지인 올드시티에서 2~3km 떨어진

캠핑장으로 이용 가격은 1박에 400코루나(약 2만 원). 도착해서 둘러보니 이 많은 사람들 중 동양인은 오직 우리 둘뿐이라 실수나 무슨 나쁜 행동이라도 하면 모두가 기억할 상황이다. 계산을 마치면 날짜와 인원수가 적혀 있는 빨간 하트의 종이를 주는데 각자의 텐트에 달아야 한다. 관리인이 지나다니면서 쉽게 확인할 수 있는 일종의 영수증인 셈.

캠핑장 입구의 커다란 나무 건물은 레스토랑 겸 매점이다. 각종 음식과 맥주 등의 주류와 음료, 그리고 커다란 화덕에 갓 구워주는 피자까지 없는 게 없다. 워낙 가격이 싸고 종류가 다양해서 대부분의 캠핑족들은 요리를 하지 않고, 이곳에서 식사 및 모든 먹을거리를 해결한다. 흥 많은 체코 사람들이 '부어라 마셔라'를 계속하느라 줄을 서서 맥주를 사 가는 진풍경을 끊임없이 볼 수 있다. 마치 우리나라 사찰에 들어선 것처럼 조용하다 못해 고요했던 서유럽의 캠핑장에서는 꿈도 못 꿀 일이 맥주의 나라, 유흥의 나라인 체코에서는 가능하다.

캠핑장 바로 옆을 흐르는 시원한 강줄기는 다름 아닌 프라하에서 내내 보았던 그 '블타바 강'이다. 같은 강이 맞는지 눈을 의심하게 되는 전혀 다른 모습. 네모반듯하게 정비된 얼굴로 넓고 잔잔하게 프라하를 관통하던 그 강이, 산전수전 다 겪고 이곳까지 내려오니 산세 그대로 머리채를 풀

캠핑장에서 운영하는 카약 체험

고 주변 지형의 생김새대로 구불구불 흐르고 있다. 이 마음씨 좋아 보이는 강물에 사람들은 너 나 할 것 없이 몸을 담그며 여름 물놀이를 하고 있고, 상류에서는 노랗고 빨간 원색의 플라스틱 카약이 웃음 가득한 가족들을 태우고 끊임없이 떠내려온다. 그리고 그 곁에서 모두들 여유롭고 평화로운 여름을 제대로 즐기고 있어 체코 제2의 관광지 바로 옆에 이렇게 자연스러운 현지인의 휴가 풍경이 있는 것이 신기하기까지 하다. 우리는 관광객 모드로 이 도시를 찾은 거라, 아쉽게도 강으로 들어가는 일은 자제했다. 그래도 즐겁게 물놀이를 하는 사람들, 시원하게 굽이치는 강의 모습과 소리만 들어도 충분히 만족스럽다.

장 보러 가는 길에 지붕 있는 나무다리를 만난다. 다리 밑으로 즐거운 사람들을 가득 실은 배가 하하호호 하며 지나가다가 간혹 눈이 마주치면 우리를 향해 힘차게 손을 흔든다. 날씨도 땀이 흐를 정도가 아

나무 다리를 건너 마을로 간다

완벽한 한상 차림, 9,000원

니고 습하지도 않아서 걸어 다니기 딱 좋고, 아무리 관광 도시라고 해도 조금만 벗어나면 조용한 시골 마을이라 평화롭다. 하지만 캠핑장으로 돌아가면 왁자지껄 파티 분위기가 새벽까지 이어지는 전혀 다른 세상을 만나게 되니, 이것이 체코 캠핑의 매력 아닐까.

장을 보고 캠핑장에 돌아오니, 스테이크 코너의 고기 굽는 냄새에 침이 고인다. 마트에서 저녁 찬거리를 잔뜩 사 왔음에도 고기 향기의 꼬임(?)에 넘어가 어느새 그 앞에 서 있는 우리. 버드와이저 생맥주가 1,500원, 돼지 목살 스테이크가 6,000원. 프라하도 물가가 싸다고 좋아했는데 여긴 더 싸다. 그저 고마울 따름이고 체코를 떠나 서쪽으로 넘어가면서 높아질 물가가 벌써부터 걱정이다. 종일 쉴 새 없이 고기와 소시지를 굽고 있는 셰프에게 '그릴의 신'이라는 별칭을 달아주었다. 은

은한 양념으로 마리네이드를 한 두툼
한 돼지목살 한 장을 주황 불빛이 타
오르는 숯불 그릴에 올려서 딱 두 번
만 뒤집어 끝내는 신공을 펼치시기에.
시골의 캠핑장이어도 솜씨는 어느 레
스토랑 못지않다는 생각이 드는 포스.

기대 이상의 맛, 기대 이하의 가격!

아니나 다를까, 한 점 먹고 눈물이 살짝 날 뻔했다. 숯 향이 가득한 잘
익은 겉면을 씹으면 입안 가득 육즙이 흘러나오고, 속살은 부드럽고 폭
신하다. 돼지 스테이크가 이렇게 매력 있는 음식이었다니, 그동안 몰랐
던 게 미안할 정도. 게다가 탄산 적당하고 향기로운 체코의 생맥주를
곁들이니 둘이서 9,000원에 이렇게 행복해도 되는 건가 싶다.

다시 우리 사이트로 돌아와 텐트를 치고
바로 저녁 준비에 들어간다. 마치 스테이크
따위는 먹은 적도 없는 것처럼. 내 비장의
무기, 서울에서 정성껏 공수해 온 새우젓과
멸치액젓, 고춧가루로 배추 겉절이를 만들
었다. 좀 안타까운 것은 배추의 맛. 한국 배
추처럼 생겨서 염려를 안 했는데 그저 덩치
만 큰 허당의 느낌. 달기는 한데 배추 특유
의 고소함이 없다. 여기에 각종 양념을 넣어
도 그 한계를 벗어나기 힘든 상황. '그래도

나의 보물, 서울에서 가져온 각종 양념들

이게 어디야!' 하며 마음을 달랜다. 마늘 슬라이스를 고추장에 찍어 흰쌀밥에 고기 한 점 얹어 먹으니 마치 여기가 한국 캠핑장 같다. 유럽에 와서 며칠 만에 제대로 된 한식을 먹은 감격의 순간.

저녁을 먹고 있으려니 하늘에 분홍빛이 조금씩 깔린다. 이 동네의 여름은 9시가 넘어서야 날이 저물기 시작해 밤을 만나려면 한참을 기다려야 한다. 밥을 먹고 어둠이 내리는 풀밭에 앉아 있는데

나, 반딧불을 처음 봤다.

무슨 컴퓨터그래픽스(CG)인 줄 알았다. 잘못 본 줄 알고 눈을 의심했다. 실화구나. 곤충이 이렇게 아름다워도 되는 거니. 온 힘을 다해 빛을 내며 날아가다 어둠으로 사라지기를 반복하는 모습을 넋을 잃고 바라본다. 그리고 오늘부터 네 팬이 될 테니 자주 얼굴 좀 보여 달라고 속삭여본다.

우리도 그들처럼

캠핑 둘째 날. 역시나 새벽 세 시 반에 칼같이 눈이 떠진다. 시차는 대체 며칠이 더 지나야 극복이 될 것인가. 그것에 무색하게 잘 주무시는 쭌을 두고 일어나서 이것저것 하며 시간을 보낸다. 그리고 아침 여섯 시가 다 되어서야 다시 잠들었다. 일곱 시 반쯤 일어나니 체코의 아침 풍경보다 더 아름다운 밥상이 차려져 있다. 고맙습니다, 쭌.

마른 멸치를 가져오지 않은 것이 내내 속이 상했는데 배추 된장국을 맹물에도 참 맛있게 끓였다. 연거푸 퍼마시니 속이 뻥 뚫리면서 다시 채워지는 느낌. 우리 음식을 먹으니 비로소 뭔가 제대로 끼니를 채운 느낌이 든다. 특히 나 같은 한식 마니아에게는. 어제 만들어놓은 겉절이도 밍밍했던 배추가 숨이 죽어 양념과 잘 어우러져 제 몫을 한다. 정말 정신없이 먹었다.

유럽에서 캠핑을 특히 강추하는 이유가 여기에 있다. 장기 여행을 할 때 밥 문화가 없는 유럽에서 매일 빵이나 고기 등을 먹고 다니다 보면 내 속이 내 속이 아님을, 겪어본 사람들은 안다. 음식을 자유롭게 해 먹을 수 있는 캠핑장에서 배추 겉절이와 된장국을 끓여 하루에 한 끼만 챙겨 먹어도, 든든하고 씩씩하게 여행할 수 있는 '한국의 힘'이 채워진다

는 게 나의 지론. 쌀과 배추를 이용한 음식을 여기서 직접 본 적은 없지만, 유럽의 대형마트에서는 대부분 생쌀과 배추를 판다. 특히 쌀은 길고 빼죽한 안남미류가 많은데, 잘 보면 우리나라 쌀과 비슷한 모양의 것도 있어 그걸로 밥을 지으면 모자람이 없다.

아침을 먹고 캠핑장 산책에 나선다. 시간은 고작 아침 9시

한식으로 아침을 든든하게 채운다

아침부터 벌어지는 맥주 파티

인데 레스토랑과 그 주변의 야외 테이블에는 벌써 맥주 파티가 벌어졌
다. 대체 언제 시작한 건지 상상도 못할 정도로 한창 불타오르는 유흥
의 기운. 보통 유럽의 캠핑장에서는 아침마다 다양한 종류의 모닝 빵이
판매되고 다른 음식에 곁들여 식사를 한다. 그런데 똑같은 음식을 앞에
놓고 악기를 연주하고 다 같이 노래하며 맥주 파티 중이라니. 우리나라
사람들이 아무리 음주 문화를 좋아한다지만 체코여, '내가 졌소!' 아니,
사실상 이길 나라가 없을 것이다. 우리도 그 흐름에 젖어서 맥주 한 잔
씩 마셔버렸다. 그리고 텐트에 돌아와 또 잤다. 이럴 거면 유럽이 아닌

동네 아무 캠핑장에나 갈 걸 그랬다며 둘이 웃었지만 이곳의 분위기에 우리도 똑같이 젖어보는 것도 여행의 일부니까. 점심때 일어나서 너구리 (라면) 두 마리를 잡았다. 서울에서는 라면을 정말 안 먹는 편인데 유럽에서는 진정 꿀맛이다.

든든하게 먹고 우리의 목적지인 '체스키 크룸로프' 올드시티를 향해 걷는다. 차는 도시 간의 이동에만 쓰고 캠핑장과 도심까지는 웬만하면 걸어서 다니자는 게 이번 여행의 규칙. 2~3km 정도의 거리는 걸어서 한

30분이면 도착한다.

블타바강을 따라 걷는 길에 장난감처럼 나열된 별장들이 재미있다. 작은 마당에는 해먹과 아이용 풀장, 플라스틱 미끄럼틀 등이 마련되어 있어 여름휴가에 이곳을 찾은 가족들의 즐거운 한때가 저절로 눈에 그려진다. 그리고 이어지는 어제 건넜던 그 나무 지붕 다리까지 가는 길이 실로 예술이다. 유유히 흐르는 강을 따라 자연스러운 풍경이 더불어 흐른다.

블타바강에 흐르는 웃음소리

그리고 나타나는 마을. 영락없이 수수한 시골의 느낌이지만 건물 하나하나 모두 눈길이 간다. 정겹고 소박하고 따스한 동네를 낱낱이 보고 느끼느라 목적지까지 도착하기 힘들 것 같아 발길을 조금 서두르다 보니 금방 번화한 거리가 나타난다. 그리고 골목을 돌아서 갑자기 펼쳐지는 광경에 입이 딱 벌어진다.

체스키 크룸로프 역사지구

'과연 실재하는 도시일까? 아니면 일부러 꾸며놓은 관광지일까?'

도시를 마주하자마자 눈앞에 펼쳐진 너무나 비현실적인 모습에 갑자기 이런 의구심마저 든다. 옛것 그대로 살아있는 유럽의 모습이야 이제 더 놀랄 것도 없지만, 여기는 그런 모습 위에 동화의 색채까지 더해 현실감이 더욱 떨어진다. 미야자키 하야오 감독의 〈하울의 움직이는 성〉의 배경에 내가 들어온 것 같다. 중세의 예쁘고 아기자기한 도시에 현대의 옷을 입은 사람들이 걸어 다니는 모습이 신기하게 느껴질 정도.

쭌과 나는 오래된 것에 대해 집착에 가까운 애정이 있다. 너무 드러나지 않게 지내온, 평범하고 순박한 모든 것이 오랜 세월을 품게 되어 생기는 '좋은 할머니, 할아버지 같은 느낌'을 사랑한다. 여기도 이렇게까지 유명하지 않았다면 그 조건을 온전히 충족하여 더할 나위가 없었을 텐데 점점 관광지가 되어가는 것 같아 마음 한구석이 서운하다.

다리를 건너 걸어 들어가는 동안 한 걸음 한 걸음 사진을 안 찍고는 도저히 못 버틸 나와의 싸움(?)에 들어간다. 건물마다 다 사진에 담고 싶을 정도(실제로 300여 개 이상의 건축물이 문화유적으로 등록되어 있다). 낙후된

체스키 크룸로프 성

도시로 전혀 주목을 받지 못하던 체스키 크룸로프는 1992년 도시 전체
가 유네스코 세계문화유산으로 등재되면서 사람들의 이목을 끌게 되
고 관광객이 북적이는 지금의 모습이 되었다. 대부분의 건물이 14~16세
기에 지어졌고 현재까지도 거의 변화가 없어 중세 마을을 그대로 느낄
수 있다. 울퉁불퉁 거리부터 은은한 파스텔 톤의 건물 벽, 각기 다른 너
비와 방향으로 뻗어 있는 골목들까지 하나도 놓치고 싶지 않은 옛 도
시 원형의 모습들.

그리고 작은 도시이지만 체코에서 두 번째로(프라하 성 다음으로) 큰 체스키 크룸로프 성이 있다. 일단 거기부터 보고 내려와서 마을을 더 자세히 볼 예정. 그러나 올라가는 길 내내 발목을 잡는 예쁜 건물과 골목들의 다양한 모습에 걸음을 재촉하기가 여전히 힘들다.

한 건물의 외벽이 특이해서 가까이 다가가 보니 벽돌로 직접 만든 것이 아닌 벽돌 모양을 '그려 넣은 것'이다. 누굴 위한 눈속임일까. 그 당시 유행인 건축 방식이었을까, 도무지 알 수가 없다. 뭉뚱그려 하나로

바라보았을 때는 너무나 예쁘기만 한 동화 속 도시였는데 가까이서 자세히 뜯어볼수록 프라하의 건물보다 열악한 외관이라 좀 놀라기도 한다(게다가 눈속임이라니!).

체스키 크룸로프 성으로 들어간다. 다섯 개의 넓은 정원과 여러 궁전, 박물관과 탑을 포함한 이 성은 13세기 중반 대지주였던 비텍 백작이 블타바강이 내려다보이는 돌산 위에 고딕 양식으로 짓기 시작했다. 14세기 르네상스 양식으로 증축한

것에 16세기에 지붕의 둥근 탑과 회랑을 더하고, 17세기 1680년대에는 뒤를 이은 가문의 후손들이 바로크식으로 대대적인 수리를 해서 지금의 모습이 되었다. 그리고 1950년 체코 정부가 인수하여 시민들에게 공개하기 시작했다. 원래 있던 것을 없애지 않고 하나하나 더하는 게 유럽의 건축 스타일인가 보다. 그래서 유럽의 유명하고 오래된 건물은 시대별로 유행했던 건축 양식이 한 건물에 모두 들어 있는 경우가 많다.

성에서 마을이 한눈에 내려다보인다

　체코에서 두 번째로 큰 성이라고 하지만, 프라하 성과는 규모나 모습 등 여러 요소에서 차이가 난다. 훨씬 만만하다고나 할까? 길게 뻗은 성을 따라 걸어 들어가면 담 너머로 빨간 지붕이 가득한 아름다운 도시의 모습이 한눈에 들어온다. 닮은 듯 서로 다른 건물의 모습과 한복판을 가로질러 흐르는 블타바강의 곡선, 그리고 마을을 둘러싼 부드러운 초록 능선의 조화가 '그림' 그 자체다.

　성의 끝까지 계속 걸어 들어가면 정원이 나오는데 여기서 또 헉, 소리가 난다. 베르사유 같은 대단한 궁전 정원보다 인간적이고 소박하지만,

중세에서 시간이 멈춰버린 체스키 크룸로프

중앙의 쌍둥이 나무가 인상적인 체스키 크룸로프 성의 정원

있을 건 다 있다. 특히 한가운데서 숱 많은 검정 머리칼을 휘날리고 있는, 하늘에 닿을 듯 커다란 쌍둥이 나무 두 그루를 보는데 갑자기 울컥했다. 처연하기도 하고 영험한 따스함이 흘러나오는 나무. 주변에 엄청난 그늘을 만들어주는 울창한 가지의 풍성함을 한참 느낀다. 나중에 얘기해보니 쥰도 똑같은 느낌이었다고.

성을 나가는 길에 눈을 의심하는 상황이 나타난다. 성과 정문 사이의 공간에 커다란 '곰'이 있는 것.
'여기가 동물원도 아닌데 이게 무슨 일일까?'
찾아보니 그 옛날, 성의 방어를 위해 맹수를 풀어놓은 게 그 유래라고 한다. 이제는 성을 지킬 필요도 없는데 군이 계속 두어야 하는 걸까. 동물원보다 열악한 환경에서 사람들의 시선을, 카메라 세례를 받고 있는 곰을 측은하게 한 번 더 바라보고 성을 나간다.

해의 방향이 바뀐 시간, 배가 고파온다.

체스키 크룸로프 맛집

Hospoda Na Louzi

성을 보고 내려와 골목골목을 더 들여다보며 다시 한번 깨닫는다. 참 작은 도시구나. 세계대전의 소용돌이에서 무사히 살아남아 유네스코에까지 등재되었다니 더 대견하다.

배가 고파지는데 아무 곳이나 들어가기 싫어서 괜찮아 보이는 곳을 찾기 시작했다. 맛집을 찾으려면 일단 현지 사람이 많은지, 인테리어가 자연스러운지를 보게 되는데 유명 관광지인 이곳에는 현지 사람이 많은 곳은 찾기 힘들다. 관광객의 눈길을 잡으려고 너무 화려하게 꾸민 곳을 대상에서 하나씩 제외하며 신중하게 골라 들어간 곳, Na Louzi.

300년 세월을 거슬러 맛집을 찾아 나선다

개업 250주년 레스토랑 Na Louzi

식당 곳곳에는 세월이 그대로 묻어있다

카하~! 꿀맛

한 발을 가게에 들여놓자, 이 마을의 나이만큼 오래된 내부의 모습에 이미 만족스럽다. 250년 전에는 마구간이었다는 주방에서 멋진, 맛진 음식들과 맥주가 나오고 손님들은 자연스레 그것을 즐기고 있다. 관광지의 레스토랑처럼 너무 시끄럽지도 않고 빨리 먹고 나가야 한다는 눈치도 전혀 없는, 마치 나이 든 할아버지의 품속 같은 가게 안에서 느긋하게 시간을 보낸다. 낡은 테이블과 의자는 여전히 꼿꼿하고, 벽면의 세월이 가득 묻은 물건들을 쳐다보면 빙그레 웃음이 난다. 이렇게 살았구나, 이네들이. 그리고 그 연장선상을 천천히 걸어가는구나. 부럽다.

쇠고기 스테이크, 콜리플라워 튀김, 샐러드를 시켰다. 가격은 각각 만 원 안팎, 맥주는 한 잔에 2,000원. 관광지의 바가지요금이 없는 것만 해도 마음에 드는데, 맛까지 있으면 금상첨화겠다. 코리코리하게 발효향이 가득한 치즈 듬뿍에 각종 채소가 어우러진 샐러드는 충분히 한 끼가 될 만큼 푸짐하다. 얇은 스테이크는 웰던으로 익혀서 조금 아쉽지만, 치즈와 크랜베리의 달달한 소스를 발라 먹으면 기존의 스테이크가 아닌, 또 다른 음식을 맛보는 것 같다. 모양 그대로 튀겨서 채식주의자 메뉴로 만든 콜리 플라워 튀김도 신기하다. 얇은 옷을 입힌 튀김을 타르타르 소스에 찍어 한입 베어 무니, 그 안에 몽글몽글한 콜리플라워만의 식감이 그대로 살아있다. '이거 서울에서 한번 만들어 볼 수 없을까?'라는 고민까지 했던 맘에 드는 음식. 그리고 친절한

사장님과의 대화와 옛날 그대로인 화장실의 모습 등 많은 것이 기억에 남은 한 끼 식사가 아주 만족스럽다. 와이파이도 되고 유로도 받는다.

천천히 즐기고 나오니 해가 더 떨어졌다. 어둠이 내리기 시작하면 사람들은 마치 신데렐라가 된 듯, 서둘러 이 도시를 빠져나간다. 급격히 썰렁해지고 외로워지는 주변, 그러나 이때가 체스키 크룸로프를 제대로 느낄 수 있는 시간이다. 현대의 사람이 빠져나간 곳에는 중세 도시가 덩그러니 남아 그때의 기억을 내게 직접 전해 온다. 프라하의 웅장한

어둠이 내리면 중세 도시를 제대로 느낄 수 있다

아름다움을 겪으며 조금은 피로했던 마음이 이 시간 치유를 받고 있다. 예전의 모습을 얼결에(?) 유지한 작은 마을은 워낙 그리 주인공인 적이 없어서 작은 이들을 품을 줄 안다. 그 품에 안겨 자유롭게 돌아다니고 느끼는 이 경험이 참 좋았다. 이후 한 달간 여행을 하면서 더 수수하고 좋은 곳을 만나면 또 다른 감동을 받는 선순환이 계속되면서 여행도 역시 자꾸 해야 '늚'을 깨닫는다.

굿바이, 체코!

드디어 체코를 떠나 오스트리아로 넘어가는 날. 난생처음 차를 운전해 국경을 통과하려니 마음이 여러모로 분주하다. 국경을 넘는 것도 걱정이 되고, 물가가 싼 체코에서 웬만한 장을 모두 보려고 계획했기에 대형마트 찾는 것 하나에도 신경이 쓰인다.

2박 3일을 보낸 체스키 크룸로프의 캠핑장은 체코 사람들의 자연스러운 여름 놀이를 볼 수 있는 활기찬 공간이었다. 정말 엄청난 인파가 잔디밭을 텐트로 채웠고, 마시고 떠드느라 새벽 3~4시까지 그들의 시간은 끊일 줄 몰랐다. 놀기 좋아한다는 우리나라도 저리 가라 할 수준. 캠핑장의 레스토랑에서는 아침 일찍부터 음악을 연주하고, 모두 함께 따라 부르고, 맥주를 연거푸 마셔댄다. 생각해보니 이들이 자는 모습을 제대로 본 적이 없는 것 같다. 그 흐름에 마냥 휩쓸려 하루 종일 '마시고 놀고, 쉬다 마시고 또 놀고'를 반복하고 싶었지만 잘 참아 냈다. 우리나라의 동강처럼 깊게 굽이치는 블타바강에 배를 띄우고 동화의 나라 체스키 크룸로프를 향해 떠내려가는 뱃놀이를 보며, '우리도 한번 해볼까?'라며 망설였던 것도 모두 추억으로 지나간다.

나는 역시 시차로 해롱거리느라 새벽에 일어나 아침에 다시 잠들고, 그 사이에 쭌은 아침식사를 준비한다. 첫날부터 왕창 끓인 배추 된장국과 남은 날배추를 죽죽 찢어 고추장에 찍어 먹기로 하고, 식당에서 파는 아침용 에그 스크램블을 사서 상 위에 올리니 오늘 아침 밥상도 휘어진다. 정말 또, 정신없이 흡입하는 우리. 이렇게 아침을 한식으로 든든하게 먹고 길을 나서는 게 내내 얼마나 힘이 되던지. 그동안 유럽 여

행을 다니면서 '음식 문제'가 정말 중요하다는 것을 깨달은 나의 솔루션이랄까. 물론 사람마다 다르다. 매일 빵만 먹어도 아무렇지 않은 한국인도 내 주변

에 종종 있다. 20대까지는 나도 2주의 유럽 여행 내내 빵과 고기만 먹어도 한식 생각이 거의 나지 않았었다. 나이가 드니 좋은 점도 많지만 내 안에 쌓인 몸의 기억을 거스르는 일이 점점 어려워진다는 단점도 분명해진다. 관계의 폭도 '좋아하는 사람들' 중심으로만 좁히려는 걸 보면 의식적으로라도 유연함을 키워야겠다고 반성하게 된다. 그러나 음식은 어쩔 수가 없어서, 열심히 아침 밥상을 한식으로 차린다.

어제 샤워를 건너뛰었더니 내내 찌뿌둥했다. 오늘은 꼭 씻어야지. 샤워실의 이용요금은 3분에 10코루나(약 550원). 3분 안에 다 할 수 있다는 자신감으로 동전을 하나만 넣었다가 머리 감는 도중에 갑자기 물이 끊겨서 우왕좌왕했다. 동전 두 개를 넣고 여유롭게 샤워를 즐길 것을 괜히

샤워실

어느새 텐트를 싹 정리? '이 남자 괜찮네!'

500원 아낀다고 이게 웬 난리람. 샤워를 마치고 나오니 쭌이 텐트를 싹 정리하고 짐을 싸놓았다. 이 남자 괜찮단 말이지. 다정하고 세심한 것도 있지만, 무엇보다 일을 잘한다!

이제 대형 마트를 찾아야 할 시간. 지도를 보고, 오스트리아 국경에서 가장 가까운 체코의 큰 도시를 찾아본다. '카플리체'라는 곳이 적절한 것 같은데 걱정인 것은 오늘이 일요일이라 가게들이 모두 문을 닫는다는 사실(나중에 할슈타트까지 가는 길에도 문을 연 마켓을 못 봤다). 그럼에도 일단 가보기로 한다. 카플리체는 체스키 크룸로프에서 차로 20분 정도 떨어져 있다. 쭌이 알아낸 maps.me라는 앱의 편리함을 다시 깨닫는 순간. 구글 맵에서 가고 싶은 곳이나 가게 등을 찾아서 그 어플의 지도를 확대해 클릭하면 가는 길을 바로 알려준다. 좀 어설프지만(약간 좌회전, 약간 우회전이란 말을 많이 씀. 약간이 대체 어느 정도라는 건지) 그래도 불편함이 꽤 없는 한국어 안내까지 있어 무료 앱이라고 하기에는 자꾸 감탄이 터진다. 카플리체의 마트 하나를 맵에 찍고 이동하기 시작한다(물론 구글맵 내비게이션이 좋긴 좋다. 인터넷이 잘 안 터져 구글이 헤맬 때는 미리 지도를 받아서 출발하는 maps.me가 낫고).

두근두근. '마트야, 제발 열려 있어라', 기도하는 마음으로 도착하니 예상했던 것보다 더 큰 규모의 슈퍼가 문을 활짝 열고 우리를 맞이한다. 정말 다행이다. 뭔가 도박패를 들고 다니며 하나하나 펼쳐 보듯, 여행이라는 게 이렇게 매 순간 쪼는 맛(?)이 있으니 이것에 중독되어 자꾸만 떠나고 싶나 보다.

신용카드가 되는지 알아보려고 직원에게 물었지만 영어를 전혀 못한다. 프라하를 떠나니 영어의 세계와도 점점 더 멀어진다. 매장 직원들이 수소문하여 영어를 할 줄 아는 젊은 점원을 불러주었고 친절한 그분이 내 신용카드를 미리 긁어보며 확인을 해준다. 고마운 일이었지만 내 카드는 사용 불가로 판정. 프라하에서는 그나마 괜찮았는데 지방으로 오니 '비자카드' 천국이다. 나의 '아메리칸 익스프레스카드'는 되는 곳이 거의 없다. 다행히 유로는 받는다. 체코에서는 자기네 화폐가 있음에도 유로도 거의 통용된다(그러나 거스름돈은 무조건 체코 돈으로 줌). 이러다가 이 나라도 아예 유로만 쓸까 봐 겁이 난다. 유로화가 일반화되면 이 환상적인 체코 물가도 올라갈 것 같아서.

모든 확인이 끝난 뒤 마음껏 마트를 둘러본다. 맛있어 보이는 두툼 삼겹살이 한 근에 4,000원 정도. 와인도 한 병에 5,000원이 안 되는 것

이 가득 진열되어 있다. 물가가 싼 체코에서 모든 장을 보겠다는 일념으로, 사람들이 다 쳐다볼 정도로 카트를 가득히 채웠다. 각종 식료품, 소스, 버터, 쌀 몇 봉지, 소시지, 생필품, 와인 다섯 병, 사랑하는 체코 맥주에 물까지 넘칠 정도로 담고 나서야, 과연 금액이 얼마나 나올지 걱정되었는데 우리 돈으로 고작 10만 원 조금 넘게 나왔다. 우리나라 마트에서 이 정도 샀으면 30만 원은 훌쩍 넘었을 양인데. 오, 사랑한다, 체코여. 착한 물가 수준이 이 나라에 대한 애정을 더 깊게 한다. 트렁크에 차곡차곡 채워 넣고 오스트리아로 출발!

01 체코 🇨🇿
캠프 노바 스폴리
Kemp Nova Spoli

캠프 노바 스폴리는 알프스 자락의 캠핑장만큼 스펙타클한 풍경을 안겨주진 않지만 체스키 크룸로프까지 도보로 이동할 수 있는 접근성과 블타바 강변에 위치한 여름 휴양지 특유의 편안한 분위기가 큰 장점이다. 프라하에서 건물만 보다가 흥 많은 체코인들의 여름휴가 속으로 성큼 걸어들어간 느낌.

맥주, 웃음소리, 카약, 모닥불, 노래 그리고 반딧불.

기본정보

위치 Nové Spoly 381 01 Český Krumlov
전화 +42(0) 777 640 946(8:00 ~ 18:00)
홈페이지 http://www.kempkrumlov.cz
입장료 1박 400코루나(21,000원, 어른2 소형텐트 기준, 주차 포함, 가끔 담 넘는 사람 있음)
영업기간 5월 13일 ~ 9월 30일
시설 주차 O 와이파이 O 전기 X 개수대 O 화장실 O 샤워 O 애완견 O 모닥불 O

부가정보

바닥 잔디
마트 쿱coop(도보 15분)
부대시설 객실(침대가 있는 도미토리 룸 제공, 침구는 없음), 매점(맥주와 다양한 음식)
즐길거리 유네스코 세계문화유산 체스키 크룸로프 역사지구(도보 30분, 중간에 엄청 맛있는 아이스크림집 있음), 블타바강 카약 투어(블타바강을 통해 체스키 크룸로프까지 이동이 가능하다. 캠핑장에서 대여업체를 소개해준다.)

©http://www.kempkrumlov.cz

구글맵

🗺 노바 스폴리

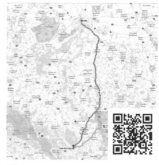

🗺 프라하에서 노바 스폴리, 차량 이동(약 2시간)

🗺 노바 스폴리에서 마트, 도보 이동(15분)

🗺 노바 스폴리에서 체스키 크룸로프, 도보 이동(30분)

Czech

Switzerland

Austria

Italy

CAMPING TEMEL

PUCHEN 137, 8992 PUCHEN, AUSTRIA
+43(0) 3622 71968(8:00 ~ 18:00)
WWW.CAMPING-ALTAUSSEE.COM/EN

Campsite Checklist ⛺

☑ 🚗 Parking   ☑ 🚿 Shower

☑ 📶 WiFi   ☒ 🏪 Cafeteria

☑ ⚡ Electricity   ☑ 🛒 Mart

☑ 🚰 Sink   ☒ 🐕 Pet

☑ 🚻 Restroom   ☒ 🔥 Campfire

#2 오스트리아
할슈타트

체코에서 오스트리아로
캠핑 테멜
캠핑 테멜의 아침
다흐슈타인에 오르자
다흐슈타인 하이킹
할슈타트
여행,을 쉬는 날
고사우 호수

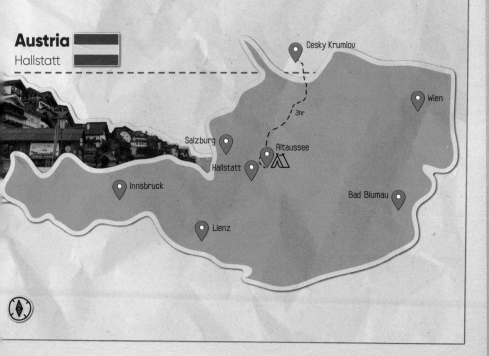

Austria
Hallstatt

Cesky Krumlov

Wien

3hr

Salzburg

Altaussee

Hallstatt

Innsbruck

Bad Blumau

Lienz

체코에서 오스트리아로

오스트리아 고속도로를 이용하려면 '비넷'(vignett : 기간별 통행료 스티커)을 사야 한다. '제발 국경을 넘기 전에 비넷을 살 수 있길…' 머릿속에 온통 그 걱정뿐이다. 너무 걱정을 했던가. 의외로 주유소 마트에서 손쉽게 샀다. 10일짜리(최소 단위)가 10유로 남짓. 원하는 기간을 말하면 그 날짜가 쓰인 숫자에 펀칭으로 표시해준다. 1만 3,000원 정도(2022년 5월 기준)의 돈으로 10일 내내 오스트리아 내 모든 고속도로를

날짜에 펀칭. 이거 안 붙이고 다니다가 걸리면 벌금 어마어마. 삽니다. 사요.

자유롭게 다닐 수 있다니 정말 싸다. 그런데 비넷을 붙였는지 여행 내내 검사를 한 적이 한 번도 없었다. 그렇다고 안 붙이고 다니다 걸리면 벌금이 어마어마하다니 무조건 사는 것이 맞지만 잠시 잠깐 이 나라를 지나갈 일이 있으면 갈등 좀 되겠다 싶었다(저는 그런 일은 없었어요!).

점심은 차에서 샌드위치로

　일요일이라 모든 식당이 문을 닫아서 비넷을 산 주유소 마트에서 샌드위치를 샀다. 차에서 먹으며 국경을 넘자고. 샌드위치 좀 썹으면서 살살 운전하고 있는데 부슬부슬 내리는 빗속에 시나브로 은근슬쩍 나타난 국경. 내참 싱겁기는. 이게 뭐라고 어제 그렇게 걱정을 했던가. 유럽연합 표시가 찍혀 있고, 별다른 제재도 없다. 국경을 넘자마자 달라진 게 있다면 독일어 간판이 나온다는 것과(오스트리아는 독일어를 쓴다) 느낌이 뭔가 다르다는 점. 기분 탓이 아닐까 했는데 이 나라로 점점 들어갈수록 체코의 조금 어두웠던 공기가 살포시 밝아지는 느낌이 든다.

어? 이제부터 오스트리아인가? 국경이 따로 없다

할슈타트에 가까워질수록 거대한 풍경이 압도한다. 엄청난 기운을 내뿜는 높은 바위산들이 병풍을 이루는데 나는 왜 이런 기운에 이다지도 약한지 잔뜩 움츠러든다. 물론 나중에는 일상이 되어서 그런 일은 줄어들었지만.

대단한 산맥들을 구경하며 가는 중에, 갑자기 바다처럼 등장한 거대한 트라운 호수. 아름답다는 말이 차마 안 나온다. 그냥 심장이 두근두근. 불편할 정도로 너무 압도당해서 그런 것 같다. 쭌이 여기 캠핑장도 생

거대한 트라운 호수

편안한 풍경을 찾아 산속으로

각했다는데 내가 싫다고 했다. 좀 더 편안한 풍경을 원했기에.

사람이 너무 많은 할슈타트 야영장도 싫으니, 차라리 깊은 산속으로 찾아가보자. 차창 밖으로 보이는 우락부락한 바위 산이 점점 숲이 빼곡하고 폭신한 모습으로 바뀌어간다.

꼬불꼬불 산길을 따라가는 운전 끝에 드디어 도착한 캠핑장. 기쁨의 감탄사가 절로 나온다. 속세를 떠난 곳에 낙원이 있었노라. 듬직한 산과 들에 초록 풀밭, 그 위에 옹기종기 예쁜 건물들, 그리고 하얀 캠핑카. 갑자기 말소리도 작아지는 곳.

여기였어, 여기. 우리가 원하는 곳.

캠핑 테멜
Camping Temel

저 멀리서 사람 좋아 보이는 아저씨가 커다란 곡괭이를 어깨에 메고 걸어온다. 이 분이 이 캠핑장의 호스트, 사장님이시다. 체크인을 한다. 엄청난 경관에 전기, 샤워, 와이파이(리셉션 근처에서 잡힘)가 포함된 캠핑 사이트가 하룻밤에 33유로, 44,000원(2022년 기준). 유럽이 아닌 우리나라라고 해도 적절한 가격이다. 그럼에도 모든 시설과 사이트가 정말 깨끗하고, 조용하고, 평화롭다. 텐트를 치고 의자에 하염없이 앉아서, 다른 모든 사람이 그러는 것처럼 우리도 사방에 펼쳐진 알프스를 감상한다.

하룻밤 33유로에 최상의 시설을 자랑하는 캠핑 테멜

그저 앉아 있기. 미술 작품 감상하듯 풍경을 바라본다. 느낀다.

관광객들에게(특히 중국과 한국 사람에게) 할슈타트가 가장 많이 알려지긴 했지만, 이 근방 호수들은 모두 아름답기로 둘째가라면 서러운 명소다. 캠핑 테멜 옆에 있는 알타우제(알타우 호수)도 역시 유럽인들에게 많은 사랑을 받는 유명한 곳. 이 동네는 고도가 높아서 시시각각 날씨가

그냥 잔디밭 같지만 가만 들여다보면 다른 풀들이 많다

온통 잔디밭인 이곳에서 맨발로 다니는 호사를. 폭신폭신.

우리 텐트 바로 앞에 민트 밭이. 손으로 살짝만 건드려도 허브향을 양껏 뿜어내는 기분 좋음이 가득.

변하는데, 햇빛이 찬란하다가도 갑자기 구름이 끼고 이내 어두워져 도통 앞을 내다볼 수 없는 등 가만히 앉아만 있어도 지루할 틈이 없다. 온통 가득한 풀밭을 맨발로 다니는 호사도 만끽한다. 폭신폭신한 촉촉함이 발바닥 가득히 전달되어 마음이 잔잔하게 기분 좋아지는 경험. 중간중간 민트 등의 허브도 가득해서 손으로 살짝만 건드려도 그 시원한 향기가 전해진다. 그렇게 걷다가 앉다가 하며 미술 작품 감상하듯 자연을 바라보고 느끼고 있노라면 시간의 개념이 없어지는 일명 '도끼자루 썩는 줄 모르는' 경험을 하게 된다.

하지만 이내 울리는 배꼽시계에 정신이 든다(이 시계는 참으로 정확하다). 어서 밥을 짓자. 오늘은 특별히 체코에서 사온 삼겹살로 고기 파티를 할 예정. 460그램에 53코루나(3,000원, 2022년 기준)인 싱싱한 생고기를 굽

고, 된장국을 끓이고, 오이를 고춧가루 양념에 무치느라 즐겁다. 이 캠핑장은 전기가 있어서 우리 비장의 무기, 이마트에서 사온 작은 전기밥솥을 사용해

밥을 한다. 가스가 비싼 유럽에서는 이런 밥솥이 필수품.

식사 준비 완료. 이 고요한 곳, 엄청난 풍경 아래 삼겹살을 쌈 싸 먹는 기분. 안 느껴봤으면 말을 하지 마시라. 지금 이 순간은 전 세계 70억 인구 중에 꽤나

상위에 링크될 행복 수치라 자부한다. 와인 한 잔을 곁들인 맛있는 저녁에 우리 둘 사이가 더 '러블리'해지고, 이런 곳을 찾아낸 쭌이 새삼 더 존경스럽다.

역시 여기도 해가 늦게 진다. 9시 반쯤 넘어서야 하늘의 배경이 무채색으로 변하기 시작하는데 이 시간에는 나와서 다니는 사람이 단 한 명도 없다. 샤워가 공짜라고 하니 씻고 자자고 의견 일치. 샤워실도 화장실도 광채가 날 정도로 깨끗하게 청소를 해놓아서 호텔 안 부러우니 실컷 누려야 한다. 오는 내내 비가 왔고 산속이라 기온도 낮아 아까 밥 먹으면서 살짝 한기가 들었는데 뜨거운 샤워를 하고 났더니 몸속까지 훈훈해진다.

샤워실에서 텐트로 돌아가는 길, 야영장 내의 모든 차량과 텐트에 단 하나의 불빛도 없다. 이토록 완전한 암흑이 가능하다는 사실이 신기하다. 체코에서 밤새워 노는 사람들을 겪다가 여기 오니 모든 것이 너무 달라 어리둥절. 그나저나 아무것도 안 보이는 이 어둠을 뚫고 텐트까지 어떻게 갈지 고민하고 있을 때, 저 멀리서 작은 랜턴을 들고 쭌이 나타난다. 아, 자상한 이여.

씻고 누우니 텐트 안이 따뜻하다. 너무나 꿀잠.

캠핑 테멜의 아침

어김없이 새벽에 눈이 떠졌다. 캠핑장을 둘러보니, 첩첩의 알프스산맥이 구름에 가려 살짝만 얼굴을 내밀고 있다. 하루에도 몇 번씩 변화무쌍한 표정을 보여주는 이곳의 매력이다. 텐트 밖으로 나와 보니 전기를 연결해주는 멀티탭을 비닐로 싸고 청테이프로 빈틈없이 방수처리를 해놓았다. 비가 올 것을 예  상한 쭌의 지난밤 작품. 밤새 촉촉하게 젖은 주위를 보며 잊고 잤다면 큰일 날 뻔했다고 가슴을 쓸어내린다.

어제 먹었던 된장국에 쌀국수를 말았다. 이게 또 별미. 정오도 되기 전에 햇빛이 쏟아진다. 빨간 타프를 쳐서 볕을 막고 집의 모양을 갖춘다. 다른 사람들도 일어나서 아침 식사를 하는 것 같은데 거의 모두 캠

핑카 안에서 해결하니 집처럼
수월하겠다. 그럼에도 나중에
설거지할 때 씻는 그릇들을
보면 우리만 제대로 음식을
해 먹는 듯. 그들은 아주 간
단히 접시 몇 개만 사용했더

라. 우리는 매번 한가득 설거지거리가 나오기에 제
대로 비교가 된다. 정리를 마치고 커피 한 잔 타서 리셉션 건물 앞 테이
블에 앉아 일기를 쓰며 시간을 보낸다.

다흐슈타인에 오르자
Dachstein

다양한 하이킹 루트를 자랑하는 다흐슈타인

오늘의 주요 일정은 다흐슈타인에 올라 하이킹을 하고 내려와 할슈
타트까지 둘러보는 것. 다흐슈타인은 오스트리아 알프스산맥의 동쪽
에 위치한, 고도가 3,000m에 가까운 산맥이다. '할슈타트-다흐슈타인
잘츠캄머구트 문화경관'으로 묶여 유네스코 세계유산으로 등록되었을
정도로 아름다운 지역. 그리고 우리 신혼여행의 목적인 '알프스 등반의
시작'이라는 점에서도 의미 있는 날이다.

다흐슈타인을 오르는 곤돌라 티켓은 코스별로 가격이 다르므로 잘 따져보고 골라야 한다. 우리는 딱 필요한 것만 보고 내려올 수 있는 파노라마 티켓을 샀다. 1인에 35.3유로(약 4만 8,000원)인 가격이 좀 부담되지만 충분한 가치가 있다.

곤돌라에서 만난 이쁜이!

곤돌라는 우릴 태우자마자 빠른 속도로 우락부락한 알프스 돌산 위를 순식간에 올라간다. 중간에 내려서 두 번 더 갈아타고 2,100m 목적지에 올라 풍경을 마주하자 입이 안 다물어진다. 한여름에 빙하가 덮인 하얀 산을 멀리서만 봐도 신기한데 그 위에 내가 올라와 있다니. 마치 수채화 같은 구름도 내 눈높이에 둥둥 떠 있다. 손 내밀면 잡힐 것만 같은 구름의 친근함은 이 고도에서만 가능한 것이리라. 그 아래 흰 모자를 쓴 빙하 설산과 짙은 돌산들이 사방으로 둘러서 있는 모습을 바라보니 더 오르지 않고 여기까지만 왔다 가더라도 여한이 없겠다 싶은 생각이 든다.

구름과 눈높이를 맞춘 환상적인 레스토랑

2100m 고지에서 만나는 오스트리아의 맛

이 풍경의 감동을 더 느끼기 위해 환상적인 전망의 레스토랑에서 간단하게 점심을 먹기로 한다. 평생 기억에 남을 순간임을 그 당시에도 충분히 알았다. 음식값이 너무 비싸지 않을까, 떨리는 마음으로 메뉴판을 봤지만 이내 안도의 한숨이 나온다. 관광지라고 특별히 너무 비싸거나 터무니없는 바가지요금이 없고 2,000m 고지에서 어느 정도 기분 나쁘지 않게 수긍이 되는 가격이라 기꺼이 주문한다.

꿀처럼 맛있는 시원한 맥주 한 잔을 앞에 두고도 풍경에 계속 빠져 있느라 정신이 없다. 이윽고 나온 슈니첼은 우리 식으로 말하면 얇은 돈까스인데 오스트리아의 대표 음식. 담백하고 부드러운 돼지고기튀김이 누구의 입맛에도 잘 맞겠다 싶다. 튀김옷이 고기와 완전히 밀착되어 먹기도 편하고. 쫀득하게 쪄낸 감자와 곁들이니 튀긴 음식임에도 건강함이 느껴진다. 구름과 눈높이를 맞추면서 식사하는 경험, 무조건 강추!

다흐슈타인 하이킹

전망 좋은 야외 레스토랑에서 건강한 음식과 알프스 풍경까지 맛있게 먹은 뒤, 파이브 핑거스를 향해 하이킹을 시작한다. 끝까지 완만한 길이라 남녀노소 누구라도 쉽게 갈 수 있다. 걷기 시작하자마자 눈앞에 빙하가 나타나는데 손으로 만져보니 정말 눈 얼음이다. 해가 쨍쨍한 여름 날씨에 이게 대체 왜 안 녹는 건지 궁금해서 빙하의 단면을 보니 두께가 어마어마, 녹지 않는 이유를 절로 깨닫게 된다. 역시 백문이 불여일견이구나. 산 위에서부터 길게 이어진 빙하는 스키 슬로프 같은 모습이라, 눈썰매라도 타고 싶다

한여름의 빙하는 신기하기만 하다

는 생각이 든다. 겨울에 온통 두터운 눈꽃에 묻혀 보이지 않던 빙하들은 여름이면 그 모습이 드러나는데 영원히 녹지 않는 건 아니다. 150년

전과 지금의 모습을 나란히 보여주는 안내 사진이 빙하의 위치와 양이 그때와는 많이 달라진 것을 알려준다. 빙하가 녹아내려 할슈타트를 비롯한 수십 개가 넘는 호수의 절경을 만들었고, 그 풍경이 오늘날 오스트리아 관광 산업의 한 축을 이루었다.

우리가 서 있는 곳은 2,100m, 저 멀리 보이는 병풍 같은 봉우리들은 3,000m에 달한다. 꼭대기의 빙하는 구름과 하얀색으로 깔 맞춤(?)을 하

고 있어 더욱 조화롭다.
풍경을 바라보고 있노라
니 무수히 쌓인 세월이 느
껴진다. 태초의 모습도 이
와 크게 다르지 않으리란
생각이 들 정도로 현실감
이 떨어져 자꾸 멍하니 쳐
다보게 된다. 그 아래 아
름다운 호수와 올망졸망

아름다운 호수마을 할슈타트가 내려다 보인다

할슈타트 마을까지 세트로 펼쳐지는 그림 같은 파노라마. 천천히 바라
보고 쉬며 가라고 적재적소에 벤치가 놓여 있고, 실제로 많은 사람들
이 앉아서 실로 놀라운 풍경을 바라보며 마음에 새기고 있다. 아름다운
풍경과 거대한 자연 앞에서는 왜 시간이 느리게 느껴지는 걸까.

완만한 하이킹 코스임에도 도무지 빨리 걸을 수가 없다. 잠시라도
사진을 찍지 않을 수가 없는 '경이로움' 때문에 자꾸만 '3보 1샷'을 하게
된다. 내 눈높이로 쫓아오는 구름은 오늘따라 유독 낮게 깔린 게 아니
라 이곳의 지대가 높아서 그렇다는 사실도 일부러 상기해야 받아들여
진다. 곳곳에 깔린 초록 생명들, 이런 고도에서 만나게 되니 더욱 반갑
다. 높은 곳의 식물들은 키는 작지만 촘촘히 펼쳐진 그 생명력이 대단하
고 대견하다. 초록과 어울리는 한여름의 빙하는 보기만 해도 시원하고,
이것이 흘러내려 고인 저 멀리 호수는 잔잔하고 평온하다.

드디어 파이브 핑거스에 도착. 기대한 것보다는 작고 단출하다. 다섯 개의 철재 손가락 모양을 절벽 허공에 펼쳐 놓은 전망대, 그 각각의 끝까지 걸어 나가면 다흐슈타인의 풍경과 바람, 손에 닿을 듯한 구름을 만끽할 수 있다. 손가락 끝에 올라 발아래 까마득한 절벽을 내려다보니 아, 고소공포증이 갑자기 발동을 시작한다. 와들와들 다리가 떨려온다. 겨우 사진 몇 장만 찍고 빠져나온 나는 전망을 즐기는 쭌을 벤치에 앉아 구경한다. 이건 극복이 안 되는구나. 억울하다 억울해. 전망대 끝에 올라서서 허리를 바깥으로 마음껏 내밀고 저 멀리 풍경 구경에 빠져든 그가 실로 부럽다. 그의 꼬임으로 한 번 더 오르려다가 손사래를 치고 포기하는 나를 보며 주위 사람들이 웃는다. 창피해도 어쩔 수가 없다. 너무 무서운걸.

할슈타트
Hallstatt

정확히 14년 전에 오스트리아와 독일 여행을 한 적이 있다. SBS 〈출발 모닝와이드〉 촬영이었는데 그때 기억에 남았던 몇몇 장소 중 할슈타트가 있다. 이후 꿈에도 나올 정도로 예쁘게 각인된 동네, 정말 오랜만에 다시 찾은 이곳은 이제는 너무나 유명한 관광

유럽 여행 내내, 주차 문제 걱정을 많이 했었는데 다행히 공간이 늘 있었다.

지가 되었다. 다흐슈타인에서 내려와 기나긴 터널 몇 개를 지나 도착하니 저녁 6시 즈음. 주차장이 만차일 때가 많다는데 다행히 자리가 있어서(사실 다들 돌아가는 시간이라) 무리 없이 잘 주차하고 다운타운으로 걸어들어간다. 초절정 관광지임에도 주차 요금이 그렇게 터무니없지 않다. 6시간에 8유로, 약 만 원 정도.

방금 다녀온 다흐슈타인 설산이 배경을 이루는 할슈타트는 정말 작은 마을. 한두 시간 걸으면 마을 전체를 대충 다 볼 수 있다고 해도 과언이 아니다. 할슈타트의 '할'은 고대 켈트어로 '소금'이란 뜻. 세계 최초의 소금 광산이 이곳에 있었다고 한다. 바다도 아닌데, 웬 소금? 이런

소금을 캐던 곳임을 알리는 동상　　꽃 장식 화려한 집들

의구심이 생겼다면 똑똑한 사람이겠지. 먼먼 옛날에 이 지역이 바다였다는 것까지 유추할 수 있다면 더더욱 똑똑한 사람이다.

소금을 캐는 광부의 동상을 지나, 호숫가 절벽을 따라 예쁜 집들이 빼곡히 늘어서 있는 전경은 인위적으로 보일 정도로 완벽하다. 1997년 세계 문화유산으로 등재된 할슈타트, 내가 처음 왔던 2000년대 초에는 동양 관광객이 별로 없었는데 이제는 슈퍼스타다. 중심으로 들어갈수록 동양인 관광객이 넘쳐난다.

호수가를 따라 본격적인 할슈타트의 풍경이 시작된다.

집과 나무의 혼연일체, 아무리 봐도 신기하다.

할슈타트 중앙 광장

　호수와 산자락 사이 좁은 틈에 집들이 다닥다닥 붙어 있다. 꽃 장식이 화려한 집들을 하나하나 구경하며 호숫가를 거니는 게 할슈타트 관광의 포인트. 저 멀리 뒷산까지 가득하게 집들이 촘촘히 늘어섰는데, 계단식 논이 아닌 계단식 집이라고 해도 될 정도. 집집마다 원주민들이 아직도 살고 있는지 궁금해진다.

　할슈타트 마을의 중심인 중앙 광장에 도착한다. 마을이 작으니 광장의 규모도 작다. 아기자기한 예쁨을 자랑하는 집들로 둘러 있는 광장의 벤치에 앉아 조금 쉬어가도 좋겠다.

서서히 하늘의 색이 짙어지기 시작하는 시간이 되자 배가 고프다. 오후 6시쯤 도착해서 2시간 정도 둘러봤는데 워낙 해가 길어서 사람들은 계속 몰렸지만, 웬만한 가게들은 거의 닫은 상태라 끼니 때울 곳을 찾기가 쉽지 않다. 때마침 케밥 가게가 보인다. 유럽은 맥도널드보다 케밥 집이 더 많은 것 같다. 어느 도시든 가장 찾기 쉬운 곳

호수를 바라보며 케밥 한 입

에 영락없이 하나씩 있다. 케밥
을 하나씩 사서 들고 호숫가에
앉아서 시장을 반찬으로 맛있
게 먹었다.

여행,을 쉬는 날

처음에는 하루만 묵으려던 이곳 캠핑장이 너무 좋아서 벌써 3일째 연장했다. 앞으로 다른 어디도 이런 곳은 없을 거라는 예감이 절로 드는 곳. 호텔처럼 늘 깨끗하게 청소가 되어 있는 화장실과 샤워장, 개수대는 언제나 뜨거운 물이 콸콸 나오고, 사방으로 둘려 있는 알프스산맥은 아무리 봐도 질리지 않는다. 날씨와 구름의 흐름, 시간의 변화 등 여러 이유로 끊임없이 다른 경치를 뿜어내는 공간. 그리고 평화로움, 조용함. 사람들의 잔잔한 눈인사, 미소. 낙원이 뭐 별다른가 싶은 생각까지 드는, 느슨하게 행복한 순간들.

그런데 컨디션이 갑자기 안 좋다. 생각해보면 결혼 준비부터(결혼식 전 딱 일주일 동안 몰아서 했다) 식이 끝나고 여행을 떠나기 전까지 남은 이틀 동안 모든 스케줄을 몰아서 하고, 여행 준비도 그 틈틈이(사실 거의 못했다) 하다가 바로 비행기를 타고 유럽에 왔으니 연일 강행되는 여행 일정에 여태 멀쩡하다면 그게 더 신기한 거겠다. 오늘은 그런 의미에서 그냥 푹 쉬기로 했다. 먹고 자고 쉬고를 연달아 할 계획을 잡으니 그 순간부터 컨디션이 좋아진다(역시 마음과 몸은 통해 있다).

아침에 소시지를 가득 넣은 찐한 카레를 너무 과하게 먹었는지 도무지 소화가 안 된다. 쭌은 동네 하이킹을 떠나고 나는 좀 더 자보려고 잔디밭에 누웠는데 해가 너무 쨍쨍 내리쬐어서 땀이 줄줄 난다. 잠시 기절하고 일어나니 온몸이 땀에 절었고, 이건 아니라는 생각에 텐트 안으로 들어가니 거긴 더 찜통. 어떻게든 조금이라도 눈을 붙여보려고 애를 쓰고 있는데 그에게 전화가 왔다.

"수지야, 여기 호숫가로 가는 개울에 물고기가 엄청 많아!"

"오호, 볼 만하겠네."

"그래서 낚시를 하는 중이야."

"낚시라고? 너 낚싯대도 없잖아?"

더 말할 것도 없이 벌떡 일어나서 마을로 간다.

동네 마을 슈퍼 앞에서 그를 만났다. 슈퍼를 찾은 김에 일단 먼저 장을 본다. 오스트리아 물가가 체코보다 많이 비쌀까 봐 걱정했는데 꼭 그렇지만도 않다. 채소, 과일, 고기도 꽤 적당한 가격이고 와인이나 맥주, 생수도 크게 비싸지 않다. 스위스에 가기 전까지는 일단 안심이다. 그나저나 어떻게 낚시를 했냐고 하니 뭔가를 주머니에서 꺼내어 보여준다. 옷핀에 줄을 엮어서 낚싯대를 만들고 소시지 미끼로 낚시를 시도했다고 한다. 그러나 옷핀으로 만든 낚시

마을 하이킹을 떠난 쭌이 보내온 사진

고리가 너무 커서 물고기들이 미끼만 먹고 도망가는 사태가 연이어 일

어나 결국 포기하고 돌아온 것. 이러한 시도가 참으로 대단하다 싶은데 그는 한 마리도 못 잡은 것에 대한 아쉬움이 꽤 오래갔다.

컨디션이 계속 안 좋아서 얼른 숙소로 돌아온다. 남은 카레에 국수를 말아서 드시는 쭌. 나는 카레만 봐도 울렁거려서 사양했다. 그리고 다시 누움. 일어나니 9시쯤 되었나.

내일 어디로 가야 할지 고민이다. 인스브루크를 통해서 스위스로 바로 들어가려고 했는데 그러면 너무 알프스산맥만 내내 보는 것 같아서 북쪽으로 올라가 모차르트의 도시 잘츠부르크에서 문명(?)을 좀 보고 이동할지 갈등인 것. 그나저나 이 아름다운 곳을 떠나려니 서운한 마음이 가장 크다.

고사우 호수
Gosausee

천국 같던 알타우제 캠핑장에서의 마지막 날. 여행은 만남과 헤어짐의 연속이기에 더더욱 인생의 축소판 같다. 어제 먹은 카레 때문에 아직도 속이 안 좋아서 오늘은 쌀 면으로 비빔국수를 했다. 오이, 양파를 채 썰고 면을 삶아 찬물로 헹구고 고

새콤달콤 쌀 비빔면

추장 양념 만들어 손에 비닐을 끼고 조물조물. 물론 삶은 계란도 각자한 개 반씩 준비했다. 그리고 폭풍 흡입. 속이 좀 내려간다. 아, 캠핑을안 했으면 정말 어쩔 뻔했을까.

어제 외출을 마치고 들어오니 지붕처럼 쳐놓았던 우리 타프가 걷어져 텐트 안에 얌전히 들어 있었다. 대체 그걸 누가 해준 건지 알 수가없어서 호스트 아저씨께 물어보니 자신이 한 일이 아니라고 하신다. 이때, 우리 텐트 바로 앞 캠핑카(매일 우리를 지켜보던) 할아버지가 우리를 향

밝은 에너지의 씩씩한 여사장님 리가Liga

해 독일 말로 계속 말씀하신다. "어제 돌풍이 불어서 타프가 다 날아갈 뻔했다, 다음엔 더 단단히 고정해라" 등의 얘기를 하시길래(뉘앙스와 제스처로 대충 알아들음) 설마 할아버지가 걷어줬나 싶어서 고맙다고 연신 인사를 하긴 했지만 마음이 영 개운치가 않았다(할아버지가 직접 하시기엔 대공사다). 나중에 알고보니 호스트 아저씨의 부인이 우리가 자리를 비운사이 정리를 해주신 것.

정말 멋었다. 이곳의 여자들은 대등하게 한 사람 몫의 육체노동을 하고 있다. 여자라는 이유로 누군가에게 기댈 마음이 아예 없어 보인다. 우리의 어머니들이 그렇듯.

아쉬운 인사를 나누고 이제, 한국에서부터 쭌이 가고 싶다 했던 '고사우제(고사우 호수)'에 간다. 호수로 가는 길 내내 어마 어마한 산들이 마치 신처럼 우리를 내려다본다. 동네 슈퍼에 들어가고 나오면서도 줄곧 따라오는 거대한 풍경에 정신이

훗, 슈퍼 앞 풍경이 이 정도!

없을 지경인데 여기 사는 사람들은 눈길 한 번 안 주고 일상을 사는 것이 신기하다. 감탄하며 가다 보니 벌써 도착.

슈퍼에서 산 빵으로 점심 도시락을 만든다. 고사우 주차장에 차를 세우고 우리의 이동 부엌인 트렁크를 열고 쭌이 제조한다. 아침에 먹다 남은 삶은 계란 슬라이스, 로메인 한 장씩에 양파와 소시지를 잘라 넣고 타르타르 소스와 케첩으로 완성. 이런 식으로 한 끼 밥값을 절약하는 것도 나중에 쌓이면 그 금액이 꽤 크다. 물론 맛도 좋고.

오늘의 점심

다들 주차장에 주차를 하고 가벼운 하이킹 차림으로(스틱을 들기도 하고) 호수를 향해 걸어간다. 우리도 가자. 걸어 올라가니 살짝 드러나는 호수

도착하자마자 압도된다

의 모습. 그보다 먼저 저 멀리 압도하는 다흐슈타인의 위엄. 우와(맨날 우와!의 연속이다)! 신들의 모임 같은 산맥의 한가운데 빙하가 선명하게 덮인 다흐슈타인 봉우리가 산중의 왕처럼 내려다보고 있다. 물 색깔이 맑아서 호수임에도 스킨 스쿠버가 유명하다는 고사우제. 병풍처럼 둘러싼 산들의 비호를 받으며 잔잔히 아름다움을 발하고 있는 절경이다.

한참을 그저 앉아서 본다. 자연을 여행하면서 이 이상의 방법은 없다. 이 각도 저 각도 사진으로 아무리 찍어봐야 내 눈에 들어오는 장면들과 비슷하게도 안 나온다. 사람의 눈을 따라올 카메라가 있을 수 없지. 순간의 내 감정이 가득 투영된 이 주관적인 풍경을 한 장의 사진에 어떻게 담을 수 있을까.

호숫가를 따라 걷는다. 가벼운 트레킹 차림으로 온 사람들. 관광객이라기보다는 그저 동네 사람들 같다. 특히 노부부가 많은 걸 보니 코스의 편안함을 예상할 수 있다. 고사우 호수는 다양한 하이킹 코스의 출발지인데, 여기서 7~8시간이면 다흐슈타인 산도 다녀올 수 있다. 호수의 색은 빛나는 청록으로 울릉도의 바다색을 닮았다. 물가만 살짝 녹색이고 금새 짙은 색을 보이는 것을 보니 수심이 얼마나 깊은지 짐작이 간다. 그리고 둘러싸인 숲과 건너의 산 모두 누가 칼로 딱 잘라놓은 것처럼 절벽에 절벽이 이어진다.

배가 고파온다. 개봉 박두, 주차장에서 만든 우리의 도시락을 꺼내어 풍경을 반찬 삼아 천천히 음미한다. 투박한 나무 벤치에 앉아서.

고사우도 식후경

중간 즈음 갑자기 바닷가 해안처럼 모래사장이 나오고, 수영을 하는 사람들이 보인다. 젊은 커플부터 아이가 있는 가족, 노부부까지 다양한 사람들이 익숙하게 호수를 즐기고 있다. 깊어서 끝이 안 보이는 호수를 어떻게 들어가지, 난 생각만 해도 무서운데.

해병대 출신, 수영의 달인, 쭌님께서 안 해볼 수 없지. 수영복은 없지만 옷 젖는 건 나중에 생각하기로 하고 그대로 입수를 시작한다. 막상 들어가니 상상 이상으로 물이 매우 차갑고 몇 발만 걸어 들어가면 발이 안 닿게 확 깊어진단다. 인어처럼 수영을 잘하는 그도 나올 때쯤 겁

수영, 어디까지 해봤니?

이 슬며시 났다는데, 호수 안에 뭔가가 있을 것 같아서 두려움이 생겼다고. 영국 스코틀랜드의 네스 호를 생각한 건가? 암튼 나도 밖에서 지켜보면서 그랬다. 너무 짙어 아무것도 보이지 않는 깊은 호수 속에 괴생명체가 있다고 해도 이상하지 않을 것 같다.

 걸어도 걸어도 보아도 보아도 질리지 않는 호
수와 숲길을 충분히 즐기다가 누군가의 추모비가
눈에 들어왔다. 내겐 아름다움으로 기억될 이곳이
어느 가족에겐 슬픔으로 남았구나.

출발지점으로 돌아와서도 한참 앉아서 호수를 바라본다. 이 장면은
내 마음에 그대로 사진처럼 찍히고, 그 사진 위로 오리 떼가 한 줄기 가는
선을 그으며 지나간다.

02 오스트리아 ≡

캠핑 테멜
Camping Temel

할슈타트와 다흐슈타인을 방문하기 위해 거점으로 삼았다. 한달 동안의 캠핑에서 다시 가고 싶은 캠핑장 1등. 알프스만큼 압도적이지 않지만 저 멀리 고요하게 지켜보는 풍경과 발아래에서 올라오는 산뜻한 허브향, 조용조용한 사람들의 눈인사는 말 그대로 힐링의 시간을 선사한다. 2012년부터 운영 중인 리가Liga와 슈테판Stefan 부부는 언제나 호의가 가득하다. 시간을 내어 가까운 호수 마을 알타우제Altaussee에도 꼭 다녀오자.

기본정보

위치 Puchen 137, 8992 Puchen, Austria
전화 +43(0) 3622 71968(8:00 ~ 18:00)
홈페이지 https://www.camping-altaussee.com/en ----------------→
입장료 1박 35.3유로(48,000원, 어른2 소형텐트 기준, 주차 및 전기 포함)
영업기간 5월 1일 ~ 10월 2일
시설 주차 O 와이파이 O 전기 O 개수대 O 화장실 O 샤워 O 애완견 X 모닥불 X

부가정보

바닥 잔디
마트 유니마트UNIMARKT (도보 21분)
부대시설 없음(아침마다 마을 빵집에서 신선한 빵 배달)
주변활동 유네스코 세계문화유산 할슈타트(차량 31분), 유네스코 세계유산 다흐슈타인(차량 26분, 곤돌라 파노라마 티켓 추천, 성인 35.3유로/청소년 32.2유로/어린이 19.4유로), 오스트리아 립 공원 알타우제(도보로 이동 가능한 호숫가 휴양 마을, 다양한 트레킹 코스)

구글맵

🗺 캠핑 테멜

🗺 캠핑 테멜에서 할슈타트, 차량 이동(약 31분)

🗺 캠핑 테멜에서 유니마트, 도보 이동(21분)

🗺 캠핑 테멜에서 다흐슈타인, 차량 이동(26분)

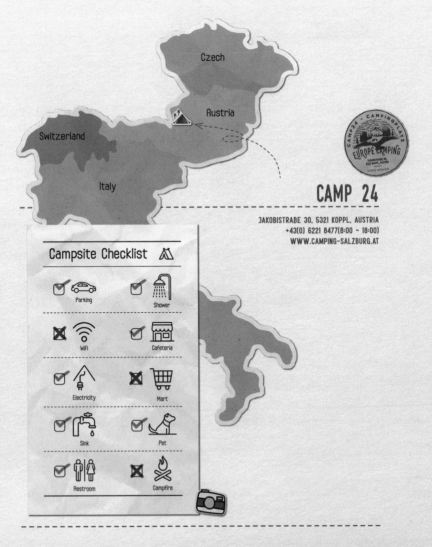

Czech

Austria

Switzerland

Italy

CAMP 24

JAKOBISTRABE 30, 5321 KOPPL, AUSTRIA
+43(0) 6221 8477(8:00 ~ 18:00)
WWW.CAMPING-SALZBURG.AT

Campsite Checklist

- ☑ Parking
- ☑ Shower
- ☒ WiFi
- ☑ Cafeteria
- ☑ Electricity
- ☒ Mart
- ☑ Sink
- ☑ Pet
- ☑ Restroom
- ☒ Campfire

#3 **오스트리아**
잘츠부르크

캠프 24
미라벨 정원, 사운드 오브 뮤직을 찾아라
스티글 브루어리, 모차르트가 사랑한 맥주
잘츠부르크 둘러보기
아시아 마트, 유럽 여행의 오아시스

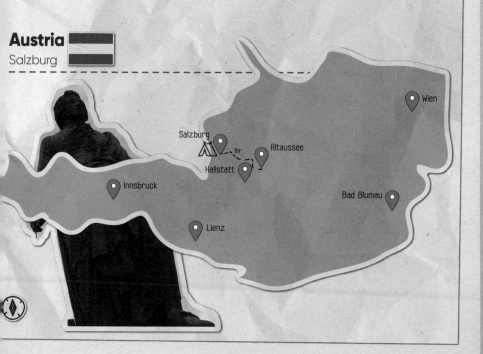

Austria
Salzburg

Wien

Salzburg
1hr — Altaussee
Hallstatt

Innsbruck

Bad Blumau

Lienz

캠프 24
Camp 24

    아름다운 고사우 호수를 뒤로하고 잘츠부르크로 간다. 알프스산맥을 따라 바로 스위스로 넘어갈까 많이 고민했지만, 내내 산속에만 있었으니 문명의 세계(?)를 살포시 구경하고 다시 산으로 들어가도 좋을 것 같아 모차르트의 도시인 '잘츠부르크'를 택했다.

    고속도로에 들어서기 전 주유를 하고 싶은데, 처음 들어간 셀프 주유소는 직원도 없고, 주유기가 내 신용카드도 인식하지 못해 그냥 나온다(하필 내가 쓰는 아메리칸 익스프레스는 유럽에서 꽤나 안 통한다). 여기 사는 사람들에겐 아무것도 아닐 작은 일상들이 매번 우리에겐 떨리는 모험 수준이다. 주유를 하는 것, 이런 사소한 일 하나에도 걱정이 따라붙기 시작한다. 외지에서의 나는 덩치만 큰 아이가 된 기분. 두 번째로 만난 미쉐린 주유소에는 작은 상점이 있어 직원에게 도움을 청했더니 친절하게 나와서 직접 넣어주셨다. 작은 일 하나도 제대로 못하는 이방인이라서 사소한 배려에 감동을 받을 일이 그만큼 늘어나니 좋긴 좋다. 여행의 맛은 역시 사람.

    또 하나의 감동은 내 차의 연비. 20유로를 넣으니 기름통의 2/3가 채워진다. 오, 굿. 그러나 아무리 연비가 좋은 차라고 해도 덩치가 작아서 거대한 알프스 산자락 하나만 넘어도 숨을 헐떡인다. 물론 기름 게이지도 팍팍 떨어지고.

잘츠부르크 캠핑장에 도착했다. 시내에서 차로 20여 분 떨어진 'Camp 24'. 이곳을 2박 3일 동안의 베이스캠프로 잡고, 여기서부터 도심까지는 버스로 이동할 예정이다. 도시와 도시, 나라와 나라 간은 직접 운전해서 이동하고 도시 안에서는 대중교통을 이용하기로 한 우리의 룰에 따른 결정.

이용객이 얼마 없어 한적한 캠핑장

리셉션을 겸하고 있는 펍, 늘 손님이 많다

　바로 전에 있었던 캠핑장 캠핑 테멜이 워낙 천국 같은 곳이어서, 도착하자마자 조금 칙칙한 비주얼에 살짝 실망했다. 체크인을 하려고 건물을 찾으니 시끌시끌한 펍이 리셉션까지 겸하고 있다. 천사 같던 전 캠핑장 주인 부부와는 달리 찔러도 피 한 방울 안 나올 듯한 이모님(?)이 맥주 장사하시느라 바쁜 와중에 우리를 맞아서 이것저것 설명하고 여권을 복사하고, 사이트의 전기 위치를 설명한 뒤 휙 돌아서 가버리신다. 성품 좋고 나만 사랑해주던 우리 할머니네서 실컷 사랑받다가, 할머니가 돌아가시고 우악스러운 도시 이모네 맡겨진 어린 남매 같은 우리 둘. 이럴수록 더욱 손을 꼭 잡게 된다. 그래도 가격이 좋아서 다행이다. 할머니네(?)보다 저렴한 하루 17.5유로(2만 4,000원).

　도심 외곽이라 주변이 온통 초록 들판인 캠핑장에는 캠핑카만 몇 대

있을 뿐 이용 손님이 거의 없다. 화장실 건물에 일렬로 세면대와 화장실 칸이 있고 샤워는 전용 코인을 따로 구입해야 한다. 사람도 없으면서 세탁기 앞에는 빨래가 가득한 가방이 지네끼리 줄을 서 있어서 사용할 엄두도 못 낸다.

　텐트를 펴기 전에 다시 리셉션 건물에 들어가본다. 우리에게나 리셉션이지 온 동네 청년들이 다 모여 있는 인기 많은 펍이다. 우리도 거기 껴서 맥주 한 잔씩 한다. 모차르트가 즐겨 마셨다는 스티글 맥주. 맛있다. 가격도 3.9유로(5,300원)로 저렴하고(체코의 물가를 생각하면 눈물이 나지

만), 생각 같아선 직접 구워 내는 피자도 하나 시켜 여기서 저녁을 먹고 싶지만 우리에겐 오는 길에 산 삼겹살이 기다리고 계신다.

우리도 한 잔

우리 자리로 돌아와 텐트를 치고, 삼겹살과 마늘을 굽는다. 그러나 오늘 좀 힘들었는지 둘 다 입맛이 없어서 많이 먹히지가 않았다.

정신없이 잠이 든 새벽, 비바람과 돌풍이 몰아쳐서 타프와 살림살이가 다 날아갈 뻔했다. 쭌이 자다가 나가서 상황을 정리하느라 엄청 애를 썼다. 매일매일이 스펙터클한 게 여행, 그중에서도 캠핑이구나.

아침에는 시끄러운 소리에 눈을 겨우 비비고 밖을 내다봤더니 텐트 바로 코앞까지 양 떼가 몰려왔다. 이건 웬 시츄에이션? 건너편 농장에서 키우는 아이들인 것 같은데 양이라고 하기에는 너무 털이 없다. 그렇다고 염소라고 하기에는 뿔이 없고.

니들 이름이 뭐니?

미라벨 정원, 사운드 오브 뮤직을 찾아라

Mirabell garten

아, 진짜 왜 이렇게 비가 오는 걸까.

장마인가 싶을 정도로 계속 내린다. 비가 오면 일반 여행객들도 몇 배로 불편한데 텐트족은 오죽할까. 날씨 예보를 보니 며칠 동안 계속 비구름과 함께 다니게 될 것 같다. 싫다고 떨어지라고, 하늘 가득한 비 구름에 말해보지만 끄덕도 하지 않는다. 그러다가 거짓말처럼 잠시 해 가 난다. 기회다! 어서 시내로 나가자.

잘츠부르크 시내로 가는 버스

캠핑장 앞에 잘츠부르 크 시내로 가는 버스가 있 다. 편도 3.5유로(약 5,000원) 의 가격으로 도심까지 20 분이면 도착한다. 렌터카 가 없었으면 지출이 상당 했겠다 싶을 정도로 유럽 은 대중교통비가 비싸다.

미라벨 정원에서 내렸어야 했는데 깜빡하다 놓치고 다음 역인 잘츠부르크 중앙역에 내렸다. 처음에는 당황했지만 오히려 여기서 '잘츠부르크 카드'도 사고, 크게 할인 중인 쇼핑몰도 발견해서 오히려 잘 됐다. 교통의 요지, 중앙역으로 들어가면 관광 인포메이션 센터가 있다. 여기서 파는 '잘츠부르크 카드' 한

잘츠부르크 중앙역

잘츠부르크 카드

장으로 시내의 미술관과 박물관, 유명 관광지의 입장과 버스, 트램 등 대중교통까지 무제한 이용 가능하다. 24시간, 48시간, 72시간 등 시간에 따라 가격이 다르고, 유명 호텔에서도 판매하며 성수기엔 값이 좀 오른다(어린이 요금은 반값). 성수기인 5~10월 24시간권은 27유로(3만 6,000원 정도). 구입하자마자 마음이 급해진다. 자유이용권을 끊고 놀이동산에 입장하는 어린이의 마음과 비슷할 듯. 저녁때면 문을 닫는 곳이 많아서 더 초조하지만 그래도 차근차근 가보자. 첫 목적지는 중앙역에서 가까운 미라벨 정원.

미라벨 정원은 잘츠부르크 신시가지에 있는 미라벨 궁전의 아름다운 정원이다. 1606년 볼프 디트리히 대주교가 사랑하는 여인 살로메를 위해 만들었다. 당시에는 '알트나우'라고 불렸지만 대주교의 직분으로 여인을 사랑했다는 꽤나 껄끄러운 사실 때문에 후임자인 마르쿠스 시티쿠스 대주교가 지금의 이름으로 바꾸었다.

페가수스 청동상

여기는 잘츠부르크 카드가 무색하게 무료 입장이다. 관광객이 정말 많다. 특히 한국 어머니들이 많다. 꽃을 사랑하는 그녀들의 우리말로 하는 감탄사가 여기저기서 들려오는, 해외인 듯 해외 아닌 듯한 경험.

분수대의 페가수스 청동상은 역동성의 끝판왕. 금방이라도 달려나갈 것만 같은 두 앞다리를 높이 쳐들고 오직 얇은 뒷다리 발목만으로 저 육중함을 버티고 있다. 이 청동상을 어디서 많이 봤다고 생각한다면 1965년에 제작된 영화 〈사운드 오브 뮤직〉의 왕 마니아일 듯. 나의 인생 영화인 〈사운드 오브 뮤직〉의 '도레미

송' 배경이 되었던 곳이 바로 미
라벨 정원이다. 유튜브에서 영
상을 미리 보고 영화 속에 나왔
던 스팟을 찾아보는 재미도 쏠
쏠하다. 신나게 노래 부르며 페

영화 〈사운드 오브 뮤직〉

The Sound of Music
"Do-Re-Mi" Clip

가수스 상이 있는 분수대를 지나 엔딩을 장식했던 계단까지 동선을
그대로 쫓아, 그 계단 위에 나도 똑같이 서보니 저 멀리 호헨잘츠부르
크 성까지 한눈에 들어온다. 영화 속 정원의 모습과 지금을 비교해봐도
꽃의 배열과 많은 관광객들을 빼면 거의 변함이 없다.

다리를 건너면 좀 다른 분위기의 고즈넉한 초록 공원이 이어지고 둥
그렇게 둘러선 작은 동상 중에서 눈에 익은 상이 하나 보인다. '도레미
송'을 부르며 아이들이 머리를 한 번씩 때리고 지나가던 그 안경 아저

영화 〈사운드 오브 뮤직〉

씨. 그 이후 얼마나 많은 사람들이 머리를 만졌는지 아저씨 머리 부분의 색만 하얗게 변했다. 고생하셨어요.

다시 정원으로 내려오면 또 기억나는 곳이 있다. '도레미 송'의 클라이맥스 부분을 발랄하게 뛰어가면서 노래하던 넝쿨 터널. 그때와 달리 천장이 휑한 그곳에 서보니 좀 쓸쓸하다. 그러다 하늘을 보니, 서서히 무서운 회색 먹구름이 정원 전체를 덮어가고 있다. 비가 쏟아질까 봐 걱정도 쏟아진다. 조금 빠른 걸음으로 나머지 공간을 둘러본다. 그리스 신화에 나오는 신들의 동상이 둘러서 있고 그 앞의 중앙 분수도 영화에서 봤던 기억이 난다. 나오는 길에도 마리아 선생님과 아이들의 발랄한 노래소리가 내내 따라오는 것 같다.

　어릴 적 대체 몇 번을 봤는지 기억도 안날 나의 인생 영화, 〈사운드 오브 뮤직〉. 14년 전 이곳을 찾았을 때도 영화의 흔적을 찾아다녔는데 지금도 그 자리에 그대로 있어줘서 고마운 마음이 든다. 어릴 적 당시의 기억까지 새록새록 떠오르던 미라벨 정원의 산책.

　갑자기 비가 쏟아지기 시작하고 우리는 서둘러 자리를 뜬다. 양조장에 가자. 맥주도 마시고 밥도 먹자고.

스티글 브루어리, 모차르트가 사랑한 맥주
Stiegl Brauwelt

1492년생 맥주 공장

미라벨 정원에서 나와 10번 트램을 타고 스티글 브루어리로 간다(잘츠부르크 카드로 대중교통도 무료로 이용할 수 있다). 스티글 맥주는 모차르트가 사랑한 이 지역의 대표 맥주. 콜럼버스가 신대륙을 발견했을 때인 1492년부터 만들기 시작했다. 트램에서 내려 한적한 잘츠부르크의 주택가를 조금 걷다 보면, 옅은 노란색의 커다란 브루어리 건물이 보인다. 잔디밭을 가로질러 입구까지 걸어가면 시원한 나무 그늘 아래 널찍한 야외 테이블이 있는 정원이 나오는데 여기 앉아 맥주 한잔하면 정말 행복하겠다. 성인 입장료는 1인 18,90유로지만(약 2만 5,000원) 잘츠부르크 카드가 있으면 무사통과다. 입장료에는 200cc 세 잔의 맥주 시음과 기념품도 포함된다. 기념품인 빨간 맥주잔이 너무 예뻐서 입장 전부터 기분이 좋다.

앙증 맞은 맥주잔은 지금도 애용 중

제대로 둘러보려면 한 시간은 더 걸릴 규모. 1492년부터 시작했으니 얼마나 할 말이 많을까. 그 시절의 그림부터 세세한 기록들까지 이들의 자부심이 그대로 느껴진다. 몇백 년 동안의 스티글 맥주 역사를 훑다보면 시간 가는 줄 모르겠다,는 말은 솔직히 거짓말. 머릿속에서는 온통 시음의 순간만을 기다린다.

관람을 마치고 드디어 '아기다리고기다리던' 시음 시간. 펍이 아주 크다. 끊임없이 사람들이 드나드는데 의외로 시음만 하고 나가는 사람은 없다. 다들 맥주를 더 시키고 음식도 주문해서 신선한 스티글을 마음껏 즐긴다. 입장료에 포함된 세 가지 맥주 시음권으로 유기농 맥주와 독

신선한 맥주를 시음할 수 있다

일의 오랜 기법으로 만든 새콤한 맥주 그리고 페일에일을 맛본다. 잘츠 버거(9.9유로)와 야채볶음을 시키고 스티글 원조 맥주도 한 잔 더 시켜본다. 음식의 맛도 좋고 가격도 괜찮다. 양조장에서 먹는 맥주가 가장 신선하다고 해도, 오스트리아 맥주는 체코 맥주와 달리 벌컥벌컥 넘어가는 가벼운 스타일이 아니라서 많이 마셔 봐야 한두 잔. 기분 좋게 음미하고 밖으로 나선다.

잘츠부르크 둘러보기

잘 마시고 잘 먹고 기분 좋게 밖으로 나오니 비가 또 내린다. 이번에는 유람선을 타러 강가로 간다. 잘츠부르크 카드로 무료 이용이 가능하니 빼놓을 수 없다(아침부터 종일 돌아다니면서 본전을 뽑았어야 했다는 생각만 계속 든다). 지정석이 없기 때문에 미리 줄을  서야 원하는 자리에 앉을 수 있다. 비가 내리는 쌀쌀한 날씨임에도 분위기를 잡고 싶어 몇 석 없는 야외 자리로 나가보니 우리와 한국 사람 셋, 인도 가족, 이렇게 동양인인 우리만 굳이 추운데 밖에 앉아 있다. 이런 것도 문화 차이인가. 크루즈 안에는 간이매점도 있지만 30~40분이면 끝나는 코스라서 이용하는 사람은 없다. 탑승이 끝나자 아름다운 여자 선장님이 키를 잡고 잘자흐강을 따라 출발한다.

출발하고 금세 도시를 벗어난다. 도시의 모습은 사라지고 여기가 잘

선장님이 너무 아름다워서 놀랐다

츠부르크인지 아마존 오지인지 모를 강과 숲의 풍경이 이어진다. 점점 더 추워지는 날씨에 실내로 들어와 탁 트인 통창으로 쏟아지는 풍경을 보는 사이 배는 출발했던 곳에 다시 가까워졌다. 이 유람선의 대미는 경쾌한 왈츠에 맞춰 배를 빙빙 돌리는 퍼포먼스인데 마치 음악에 맞추어 춤을 추는 것 같은 유람선의 리듬에 몸을 맡기며 마무리한다.

선착장에 내려서 길을 건너면 이 도시 제일의 명소, 게트라이데 거리가 있다. 4~5층 높이의 건물이 쭉 늘어서 있는 이곳이 유명한 이유는 다양한 간판들 때문. 문맹이 많던 중세 시대에 글을 모르는 사람들을 위해 간판에 그림을 그려 넣은 것이 그 기원이다. 17세기에 마리아 테레제(오스트리아의 여제)가 그 모습 그대로를 유지시키게 해서 문화유산이 되었다.

문맹을 위한 대장간 간판

잘츠부르크는 '모차르트의, 모차르트에 의한, 모차르트를 위한' 도시라고 해도 과언이 아니다. 특히 게트라이데 거리는 모차르트가 태어나서 17세까지 살았던 그의 생가가 있기 때문에 더욱 모차르트 투성이다.

모차르트 생가

또 여성의 모습도 종종 눈에 띄는데 모차르트의 누나 '나넬'이다. 모차르트의 일곱 남매 중 다섯 명이 유년기에 세상을 떠나고 남매 둘만 남았다. 상당한 음악성을 지녔던 그녀지만 동생의 그늘에 가려 일찍 음악을 포기, 귀족과 결혼을 했고 모차르트 사후

모차르트의 누나 나넬

에 악보 정리와 홍보를 위해 물심양면으로 노력했다. 역시 피는 물보다 진한 건가.

게트라이데 거리, 그 끝에는 모차르트 광장이 있다. 그의 동상을 보며 생각한다.

그는 행복했을까.

아시아 마트, 유럽 여행의 오아시스

　잘츠부르크를 떠나는 날. 3일 내내 비가 오니 텐트의 방수력도 바닥을 드러낸다. 텐트 바닥이 축축, 이 정도면 재난 상황이다. 즐거운 여행의 꽤나 중요한 요소가 '좋은 날씨'인데 며칠 내내 비가 함께하니 괜히 이 도시까지 다 미워지려 한다. 그 순간 갑자기 거짓말처럼 찬란하게 햇빛이 났다. 이곳 날씨는 우리와 달리 장마처럼 비가 내내 와도 그렇게 습하다고 느껴지지 않고, 비가 갑자기 멎고 해가 뜨면 세상에 다시없는 쨍쨍이다. 언제 비가 왔었어? 이런 분위기.

　날씨가 좋아졌다고 감상에 젖을 시간이 없다. 텐트와 다른 모든 것을 일사천리로 말리기 시작한다. 이러다가 또 언제 그랬냐는 듯 비가 내릴지 모르니까. 하나하나 바닥에 늘어놓기 시작하니 젖었던 우리 마음도 같이 마르기 시작한다. 날씨 때문에 밀려들었던 걱정들도

함께 뽀송뽀송해진다. 두
시간 뒤엔 바삭하게 싹 말
라서 모든 장비들이 새것
처럼 되었다. 이제 패킹해
서 떠날 준비만 하면 된다.
얏호. 딱히 할 것도 없는
체크아웃을 하고, 어제 봐
두었던 중앙역 앞의 쇼핑

센터를 찾아간다. 피자와 버거로 점심을 해결하고 왕창 세일을 하는 옷
가게에서 몇천 원짜리 옷들을 마련한다. 30일 동안의 유럽 여행을 준비
하며 옷이라곤 거의 단벌로 와버린 우리, 여름이라서 그냥 대충 빨아 입
으면 될 거라고 생각했는데 알프스산맥은 여름에도 선선하고, 심지어
춥기까지 하다는 것을 몰랐다.

자 이제, 미라벨 정원 앞에 있는 아시아 마트로 간다(바로 옆 성당 주차
장에 주차 가능). 태국, 베트남, 중국, 한국 등 거의 모든 아시아 국가의 식

자재를 팔고 있다. 기대보다 종류가 많고, 기대 이상 친절하고, 기대보다 싸다! 유럽 캠핑 여행의 오아시스이므로 필히 방문해서 쓸어 담을 것을 추천한다.

날마다 화가 나고 후회가 막심한 사실이 '뭐 이리 아무런 준비를 안 해왔나'다. 옷이야 없는 대로 있다가 세일하는 것 몇 벌 사면 되는데 한식을 만들 요리 재료들을 너무 안 가져왔다. 그런 우리에게 이곳은 하늘이 내려준 행운의 기회. 된장, 간장, 고추장에 소주, 라면, 김치 등등 종류도 다양하고 값도 싸다. 심지어 라면은 한국과 거의 같은 가격 수준. 신라면, 너구리, 불닭 볶음면, 짜파게티 등등 라면을 종류별로 한가득 담으니 갑자기 부자가 된 기분이 든다. 실

동네 슈퍼에 온 기분

제로 여행 내내 요긴하게 아주 잘 먹었다. 유럽 장기 여행에서 가장 힘든, 음식 문제를 해결해 주는 잘츠부르크의 아시아 마트. 여기서 양껏 구입한 물품들이 한국에서 가져온 것보다 많았고 실제로 아주 유용했다.

03 오스트리아 ≡
캠프 24

Camp 24

캠핑장과 레스토랑을 함께 운영한다는 점이 특징이다. 캠핑장 리셉션 건물이 동네 사람들 다 모이는 오스트리아 스타일의 피자 맛집. 모차르트의 도시 잘츠부르크가 버스로 20분 거리에 있고 가격이 저렴한 점이 장점. 저렴하다고 해도 있을 건 다 갖추고 있다. 주변에 놀라운 풍경은 없지만 한적한 오스트리아 시골 마을의 정취가 있다. 아침마다 양들의 워낭소리에 잠이 깬다.

기본정보

위치 Jakobistraße 30, 5321 Koppl, Austria
전화 +43(0) 6221 8477(8:00 ~ 18:00)
홈페이지 https://www.camping-salzburg.at ---------------------->
입장료 1박 17.5유로(24,000원 어른2 소형텐트 기준, 주차 포함)
영업기간 4월 1일 ~ 10월 30일
시설 주차O 와이파이X 전기O 개수대O 화장실O 샤워O 애완견O 모닥불X

부가정보

바닥 잔디
마트 없음
부대시설 레스토랑(굴라쉬 6,800원, 피자 10,000원 부터, 스티글 생맥주 500cc 5,300원)
주변활동 잘츠부르크(차량 18분)

https://www.camping-salzburg.at

구글맵

🗺 캠프 24

🗺 캠핑 테멜에서 캠프 24, 차량 이동(1시간 6분)

🗺 캠프 24에서 미라벨 정원, 차량 이동 (18분)

#4 오스트리아
인스부르크

인스부르크, 한 템포 쉬어 가기
빙하수 쏟아지는 강가에서 점심을
올드타운 이모저모

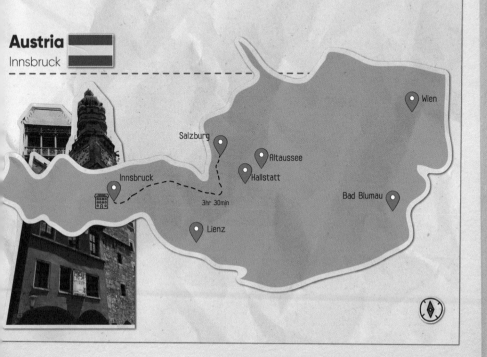

Austria
Innsbruck

Wien

Salzburg

Altaussee

Hallstatt

Innsbruck

Bad Blumau

3hr 30min

Lienz

인스부르크, 한 템포 쉬어 가기

JUGENDHERBERGE INNSBRUCK

스위스로 넘어가는 루트를 고민하다가 인스부르크에서 한 템포 쉬어 가기로 했다. 독일을 지나가는 길이 짧고 무난하겠지만 딱히 들렀다가 갈 마음에 드는 도시가 없어 이렇게 결론내었다. 가는 길에 비가 쏟아지더니 커다란 우박까지 들이붓기 시작한다. 어찌나 긴장을 하고 운전을 했던지 어깨에 담이 들 지경. 다른 운전자들도 같은 스트레스를 받는지 다리 밑에 숨은 차가 여럿이다. 속도를 최대한 줄인 거북이걸음으로, 두려움에 울고 싶은 심정으로 겨우겨우 나아갔다.

드디어 인스부르크 입성. 오늘은 캠핑을 쉬기로 했다. 그래서 캠핑장이 아닌 호스텔을 찾기 시작. 쭌이 구글맵으로 찾은 호스텔을 찾아가니 문을 굳게 닫은 건물이 덩그러니 있다. 구글의 리뷰 날짜

동계 스포츠의 도시 인스부르크

중 가장 최근에 올라온 게 1년 전쯤 되는 걸 그제야 확인한다. 멀쩡한 건물을 긴 시간 방치하고 있다는 사실에 좀 놀랐다. 그리고 이내 우리의 현실을 직시한다.

큰일이네, 어디로 가야 하나. 오늘도 결국 캠핑장으로 가야 할지 좀 더 고민하다가 두 번째 호스텔을 급하게 찾아내어 그곳으로 간다. 오호, 느낌이 좋다. 학교에 붙어 있는 숙소구나. 그러나 오늘 방이 없단다. 난감한 표정으로 서 있으니 직원이 다른 곳을 소개해준다. 친절하게 구글맵에 표시까지 해주는 센스까지, 감사합니다!

그제서야 인스부르크에는 저렴한 호스텔이 많지 않기 때문에 빈방이 거의 없다는 걸 알게 되었다. 미리 예약하는 것이 필수. 그러나 우리처럼 즉흥적으로 경로를 짜는 여행객들은 그렇게 하기 쉽지 않으니 그저 행운의 여신을 기대할 수밖에 없다. 소개받은 호스텔의 이름은 유

두 번의 실패 끝에 찾은 숙소

겐트헤르베르게 인스부르크. 제발 이번에는 허탕 치지 않길 간절히 바라는 마음으로 들어간다. 두근거리며 직원에게 물어보는데 다행히! 방이 있다. 그것도 2인실.

4인실 도미토리는 두 명에 49유로, 2인실 방 하나는 58유로다. 도미토리와 2인실의 가격 차이가 많이 나지 않으니 당연히 2인실을 택한다. 프라하를 떠난 후 얼마 만에 침대인가. 우리가 신혼부부라는 (잊고 있던) 사실을 다시 한번 떠올린다. 그런데 또 다른 문제가 있었다. 내일은 방이 없단다. 이 도시에서 이틀간 머무르려고 했는데 아, 모르겠다. 여기까지만 생각하고 내일 일은 내일 걱정해야지. 그래도 오래간만에 침대에서 잘 생각에 이미 피로가 다 풀리는 것 같다. 호스텔이라 부엌도 있으니 밥도 해 먹어야지.

방으로 올라간다. 작은 침대 두 개가 양쪽 벽 옆에 따로 떨어져 있

다. 하아, 신혼부부 침대 역사상 가장 먼 거리겠지만 그래도 이게 어디야. 어서 침대와 혼연일체가 되고 싶은 마음뿐이다. 호스텔임에도 침대 매트와 베개가 라텍스 소재라서 아주 편안하고 안락한 잠자리가 될 것 같다. 개인 화장실과 샤워실도 있고, 특히 좋은 점은 커다란 창문 한가득 들어찬 인스부르크 알프스의 그림 같은 풍경. 창문을 열어놓으니 그 청정한 공기까지 그대로 방안을 채운다. 매일 텐트에서 자다가 여기 오니 이 모든 것이 너무나 호사롭게 느껴진다.

창밖 풍경 만큼은 일류호텔 못지않아요

호스텔은 요리가 가능하다

자, 부엌으로 내려가서 저녁을 준비하자. 유럽 사람들은 캠핑장에서도 제대로 된 요리를 하지 않던데 여기서도 마찬가지. 샌드위치, 소시지 등 차가운 음식을 데우기 위한 전자레인지 앞에만 줄이 길다. 그에 비해 우리는 거의 요리사 수준으로 재료를 펼쳐놓고 둘이 열심히 조리를 시작한다(사실 별건 아니지만). 식기류와 양념, 칼, 도마 등등 모든 것이 구비가 되어 있어 재료만 있으면 뭐든 만들 수 있다. 앗, 그런데 인덕션이 켜지지 않는다. 알고보니 동전을 넣어야만 가동되는 것. 쭌은 두 곳의 인덕션에 각각 밥과 라면을 끓이고, 소시지를 굽고 계란을 부치고 나는 역시 겉절이의 여왕답게 배추 뜯어 양념 넣고 조물조물 무친다.

여기가 외국인가, 한국의 우리집 식탁인가. 사진만 보면 절대 구분할 수 없을 친근한 밥상.

그리고 가장 반가웠던 것은 텐트 캠핑족한테 가장 아쉬운 것 중 하나인 냉장고. 차 트렁크에 며칠 방치된 미지근한 맥주를 호스텔 냉장고에 넣으며 우리는 환호했다.

밥을 다 먹고 차가워진 맥주를 들고 방에 들어와 내일은 어떻게 해야 할지, 스위스에서는 어떤 동선으로 다녀야 할지 늘 그렇듯 또 회의에 들어간다. 여행이 시작되고 매일 밤 겪는 시간인데 하루가 길었던 우리는 얘기 중에 서로 졸기 시작하고 누가 먼저인지  모르게 쓰러져 잔다. 그러다 보니 아침에 일어나서 다시 얘기하는 경우가 다반사. 내일은 내일의 해가 뜰 테니까.

빙하수 쏟아지는 강가에서 점심을

7월 1일. 드디어 7월이 시작되었다. 여행이 열흘을 넘어가고 있는 시점에 호스텔에 묵은 건 아주 탁월한 선택. 여행도 좋지만 집 떠나면 고생이라는 말도 맞다. 호스텔 침대에서 편안하게 푹 자고 일어났더니 쌓인 피로가 싹 풀린다. 커튼을 걷은 창문으로는 흰 구름을 가득 두른 알프스가 보인다. 오스트리아 인스부르크의 알프스를 특별히 '수줍은 처녀'라고 한다는데 정말 얼굴을 제대로 보여주지 않는다. 수줍은 처녀처럼 한껏 부끄러워하고 있다니. 저 덩치에.

호스텔에서 간단한 조식을 제공한다. 생물(?)인 채소나 과일 등은 없고 빵, 치즈, 햄, 시리얼, 요구르트, 커피가 뷔페로 준비된다. 그래도 이게 어딘가. 감사합니다. 지난밤 이 호스텔에 숙박한 동지들을 다 만날 수 있는 시간, 전 세계에서 모여든 사람들이 같은 음식을 먹으며 다른 언어로 얘기하고 있다. 아침을 먹으면서 오늘의 계획을 세우려다가 또 포기한다. 이 도시에서 좀 쉴까 싶기도 하지만 어서 스위스로 넘어가서 거대한 풍경과 마주하고 싶기도 해서 얘기는 자꾸만 원점이다.

내가 샤워를 하는 동안에 쭌이 비장의 카드를 꺼내들었다. 이른바 '지인 찬스'.

그가 20년 전 전국 풍물 동아리에서 만난 민정이란 친구는 스위스에서 두부를 만들어 팔며 살고 있다(무려 대기업을 관두고 스위스로 혼자 날아와 터전을 잡은 대단한 여인!). 연락을 직접 안 한 지가(물론 페이스북 친구 사이라 SNS에서는 대화가 오고갔지만) 10년이 넘었기에 그는 갑자기 전화하기 민망하다고 망설였었다. 그런데 그 친구가 먼저 쭌의 페이스북에 '스위스는 안 올 거야?' 등의 댓글을 남긴 것. 그 글에 용기를 내어 전화를 해본 모양이다. 안에서 씻고 있는데도 신나게 껄껄껄 웃으며 오랜만의 친구와 기분 좋게 얘기하는 것이 전해진다. 그래, 친구는 그렇더라. 특히 어릴 적 친구는.

다 씻고 나와보니 믿어지지 않는 상황이 벌어졌다. 민정 씨는 스위스의 서쪽 끝에 살고 있는데 동쪽 끝에도 별장을 갖고 있으니 우리더러 그 집에 가서 며칠 쉬고 가라고 했단다. 오, 마이 갓. 10년 만에 연락

했는데 그런 호의를 베푼다는 건 사람의 모습을 한 천사임에 틀림이 없다. 그리고 기회가 닿는다면 스위스 서쪽 끝으로 가서, 서양 사람들에게 두부를 만들어 팔고 있는 그녀의 삶을 보고 싶다.

올드시티는 한번 둘러보고 가자는 것에 의견 일치하여 얼른 짐을 챙겨 체크아웃을 한다.

숙소에서 시내 중심까지는 차로 10분 정도 걸린다. 괜히 도심에는 주차장이 없을까 봐 미리 겁을 내어 엉뚱한 보험회사 지하 주차장에 차를 세웠다. 이때 하나 배운 게 있다. '외국에서 주차를 너무 무서워하지 말자.' 복잡한 대도시인 서울에서 차를 몰고 잘 살았던 내가 주차 문제로 두려워할 선진국은 거의 없다. 생각보다 시설도 잘 되어 있고 주차료도 서울보다 비싸지 않다.

주차를 해놓고 나와보니, 인스부르크 기차역 근처다. 저 멀리 쇼핑몰이 보인다. 블랙홀에 빨려 들어가듯 그곳에 흡수되었다. 올드시티를 보려고 왔는데 뉴시티 중의 뉴시티로 들어가는구나. 뭐 다른 것에는 별 관심이 없고 늘 마트가 궁금하다.

역시 쇼핑몰 대형마트에는 맛있는 것들이 넘쳐나서 아침을 꽤 많이 먹고 왔음에도 식탐이 일렁인다. 결국 먹음직스러운 샌드위치를 하나씩 사서 옆의 강가로 간다. 인스부르크의 '인'은

'인강(inn river)'을 뜻하는데  이곳에 흐르는 건 그 강의 지류. 빙하에서 흘러나온 물이 불투명한 옥빛 파스텔 물감을 풀어놓은 것 같다. 파스텔 빛깔의 역동적인 강물을 바라보며 점심을 먹는다.

다시 올드시티를 향해 걸어가는 길. 1964년, 1976년 두 번의 동계 올림픽을 치른 겨울 스포츠의 도시 인스부르크. 신호등도 남다르다. 빨간불 속의 사람은 스키를 들고 서 있고, 파란불 속에서는 스노보드를 타고 신나게 내려온다. 재치 있는 디자인.

좀 더 걸어가니 사람들이 북적이기 시작한다. 여기부터 올드시티.

올드타운 이모저모

마리아 테레지아 거리로 들어섰다. 도심 외곽의 수수한 모습과는 달리 중세 유럽이 갑자기 확 다가온다. 오스트리아를 다니다 보면 '합스부르크 왕가'와 '마리아 테레지아'라는 이름을 자주 듣게 되므로 간단히 설명을 하자면,

마리아 테레지아는 출중한 외교 정책과 수많은 전쟁의 승리로 합스부르크 왕가의 위상을 높인 군주다. 여자이기에 황제 칭호는 못 썼지만 최고의 권력가였다. 슬하에 자그마치 16자녀를 두었는데 정치하랴, 아이 낳으랴 정말 쉴 틈이 없었겠다는 생각이 든다. 여제

의 외교 전략은 유럽 왕가와 당신 자식들의 정략결혼. 그녀의 막내딸이 그 유명한 마리 앙투아네트다.

거리 남쪽의 개선문부터 보고 북쪽으로 올라간다. 개선문은 앞뒤의 모양이 다른데, 분위기도 차이가 있다. 1765년 마리아 테레지아의 아들 레오폴드 2세와 스페인 공주 마리아 루도비카의 결혼을 기념해 건립을 시작했지만 도중에 마리아 테레지아의 남편인 프란츠 슈테판 폰로트링

인스부르크 개선문

겐 1세가 죽음을 맞이한다. 그래서 개선문의 앞은 축하의 의미를 담은 '생의 행복'을, 뒷면에는 애도의 뜻을 담아 '죽음과 슬픔' 조각을 새겼다. 인생의 양면을 담은 인스부르크의 개선문을 지나 더 올라가면 광장 중앙에 성안나 기념탑이 보인다.

이 탑은 티롤(인스부르크시가 속한 주의 이름이다. 티롤주 인스부르크시)을 침공한 적군의 퇴치를 기념해 1703년 시민들이 성금을 모아 건립했다. 광장 양쪽에는 색색의 오랜 건물들이 있고 저 위로는 모든 것을 내려다보

중앙의 성안나 기념탑과 그 뒤로 구름에 가린 노르트케테가 보인다

고 있는 웅장한 노르트케테('북쪽 산맥'이라는 뜻의 알프스 한자락)가 보인다. 인스부르크의 매력은 노르트케테와의 조화다. 모든 사진에 산의 모습을 함께 담아야 인스부르크만의 고유한 풍경이 완성된다. 더 걸어가 길을 건너면 오른쪽에 관광 안내소가 보인다. 그곳에서 인스부르크 관광에 대한 정보를 얻을 수 있다. 인스부르크 카드와 스키 패스 구매, 환전도 가능하고 지도와 기념품도 판매한다. 티롤 민속 쇼 등 각종 예약 서비스도 대행한다. 여행지에 가면 늘 반가운 'i'라는 표시.

본격적으로 북적이는 거리로 들어선다. 스와로브스키 매장 앞에 대기하던 백여 명의 중국 단체 관광객들이 가이드가 '출발!'을 외치자 순식간에 건물 안으로 빨려 들어갔다. 1895년 오스트리아에서 태어난 크리스털 브랜드 '스와로브스키'는 이 도시 쇼핑의 필수 코스. 인스부르크 인근에는 '크리스털 월드'라는 이름의 이 브랜드 박물관도 있다.

다닥다닥 붙어 있는 건물들 중에 갑자기 나타나는 화려한 꽃무늬의 회반죽 장식을 한 곳이 헬블링 하우스. 15세기 귀족의 저택으로 1560년 후기 고딕 양식으로 지어졌지만 1730년, 현재와 같은 로코코식 건축으로 바뀌었다.

그 바로 앞에 인스부르크 관광의 최고 유명 스타, 이 도시의 상징인 황금 지붕(Goldenes Dach)이 있다. 큰 기대를 하고 갔다면 실망했을 만한 규모지만 나는 꽤 신기했다. 금박 지붕을 올린 이 건물은 1420년 프리드리히 4세가 티롤 영주의 저택 겸 집무실로 지었고 막시밀리안 1세가

헬블링 하우스(왼쪽)와 황금 지붕(오른쪽)

지금의 모습으로 증축했다(15세기 합스부르크 왕가의 막시밀리안 1세가 남 티롤에서 이곳으로 수도를 옮기면서 인스부르크가 번창하게 되었다). 발코니 지붕에 금박 기와 2,657개를 얹고 기둥에는 황제와 여왕, 문장 등을 세밀하게 새겼다. 사진을 찍으면 너무 번쩍여서 눈으로 직접 보는 것보다 덜 화려하다. 여러 각도로 시도해볼 것.

황금 지붕 왼편에는 시의 첨탑(stadtturm)이 있다. 600세가 되어가는 나이로 올드타운에서 최고령이자 51m의 최장신 건물. 전망대가 있어서 올라가본다. 유럽의 다른 전망대보다는 꽤 낮은 편이어서 다리품은 덜 들지만(148계단) 이 정도면 인스부르크가 꽤 한눈에 보인다. 360도로 도시를 둘러싼 노르트케테와 저 멀리 동계 올림픽을 상징하는 스키 점프대까지.

시의 첨탑에서 내려다본 인스부르크

이렇게 인스부르크 관광을 마무리하고 스위스로 넘어간다. 사실 아침에 민정 씨와 통화를 마쳤을 때 이미 마음은 콩밭에 가 있었거든.

#5 스위스
쿠어

천사의 집으로
마을 구경
쿠어를 떠나며

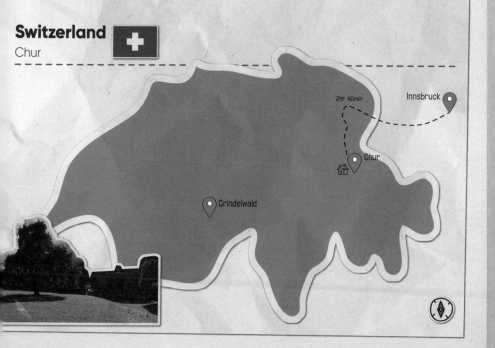

Switzerland
Chur

2hr 40min

Innsbruck

Chur

Grindelwald

천사의 집으로

인스부르크 관광을 마치고 아침에 갔던 쇼핑센터로 돌아와 점심을 먹는다. 어디서나 비슷하게 맛있는 슈니첼과 샐러드를 주문했는데 나중에 영수증을 살펴보니 우리가 시키지도 않은 소시지 이름이 떡하니 찍혀 있다. 꼼꼼하게 살펴보지 않았다면 돈을 더 낸 줄도 모르고 그냥 나갔을 터. 계산하는 아저씨에게 가서 상황을 말하니 미안하다며 소시지 값을 돌려준다. 여행

중 (특히 식당에서는) 영수증을 잘 체크해서 괜한 돈이 나가는 일은 없게 해야겠다. 우리가 조심하는 수밖에 없다는 결론(나중에 다른 도시에서도 비슷한 일을 또 겪었다).

구름의 범위가 더 넓어지더니 날이 갑자기 어두워진다. 이제 쭌의 친구, 천사 같은 민정 씨의 별장이 있는 스위스 쿠어(chur)로 출발한다.

이곳에서 쿠어까지 가려면 하나가 아닌 두 개의 국경을 통과해야 한다. 세계에서 6번째로 작은 나라 리히텐슈타인을 지나기 때문. 고속도로 공사로(유럽은 온통 공사 중) 구글 내비게이션이 갑자기 산길로 보내는 바람에 고생을 좀 했다. 산이 얼마나 높던지 마치 백두산을 넘는 기분이었고 나중에는 두려운 마음까지 들었다. 이런 험한 산을 넘을 때는 휘발유 게이지가 눈에 보일 정도로 뚝뚝 떨어진다. 아까운 내 기름에 더 초조해지고 결국 주유소를 찾아야 하는 상황이 온다.

유럽의 주유소는 대부분 셀프. 처음에는 그 방법을 몰라 헤매었다. 연료의 종류는 4가지로 휘발유와 디젤, 그리고 이 둘의 고급 버전이 있는데 자기 차에 어떤 기름이 들어가는지는 주유 뚜껑을 열어보면 확인할 수 있다. 우리는 늘 보통 휘발유인 초록색 super 95를 넣었다. 스위스 물가에 대한 불안으로 국경을 넘기 전 일부러 오스트리아의 마지막

유럽은 셀프 주유소가 많다

휴게소에서 주유를 했는데 이미 할슈타트보다 훨씬 비쌌다. 그렇다면 스위스는 과연 얼마 정도 할까 걱정이 된다. 기름을 아껴 쓸 수도 없고.

휴게소에서 스위스 비넷(고속도로 정기 통행증)을 산다. 오스트리아처럼 스위스도 이것만 창문에 붙여놓으면 고속도로를 마음껏 지날 수 있다. 10일권이 8.9유로(약 1만 2,000원)인 오스트리아 비넷에 비해 무려 40스위스 프랑

이다(약 5만 2,000원). 무조건 1년 권만 팔기 때문. 아, 스위스 깍쟁이! 관광객들도 무조건 이것을 사게 하다니 정말 너무 한다. 스위스에서 머물 며칠 때문에 1년짜리를 사야 하는 모든 사람들이 눈물을 머금고 계산할 것이 눈에 훤하다. 나도 그러고 있고.

유럽의 다른 국가들처럼 스위스 국경을 넘는 것도 간단하다. 조그만 문을 넘으니 어느새 스위스 땅에 입성. 집을 찾아가는 내내 너무 신기해서 말이 안 나온다. 우연을 가장한 감사거리가 여행에 넘치고 내 인생에도 넘친다. 마침 커다란 먹구름 사이로 하얀 빛이 쏟아졌다. 너그러운 신의 미소 같다.

알프스산맥을 지나다니면서 연두색 초원 위에 아기자기한 시골집들이 있는 게 너무 예뻐 보였다. 구불구불 산길을 올라 도착한 우리의 목적지, 민정 씨의 집도 그런 줄만 알았는데 막상 마주하니 깨끗한 새 건물이었다. 내부에 들어가서는 더 놀란다. 실내가 최첨단이다. 창문의 블라인드는 버튼으로 작동되고 매끈한 부엌은 최신식 풀

옵션. 모든 것이 현대화되고 미끈하다. 이렇게 호텔보다 깨끗하고 포근한 집이 비어 있다니 놀랍고, 때마침 우리의 쉴 곳이 되어준다는 게 신기하다. 그저 감사할 뿐.

저녁거리를 사러 슈퍼를 찾아 나선다. coop은 유럽 어디서나 볼 수 있는 마트인데 그중에서 pronto라고 쓰인 coop은 거의 편의점 수준으로 규모가 작다. 큰 마트는 평일이면 일찍 닫는 데다 휴일에는 아예 운영을 하지 않기 때문에 할 수 없이 이곳을 찾았다. 크기는 작아도 식료

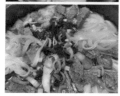

품, 채소, 과일, 고기 등 웬만한 건 다 있다. 그러나 일반 마트보다 가격이 비싸서 평일에 장을 볼 때는 갈 일이 없다. 오늘 저녁 메뉴는 베트남 쌀국수. 잘츠부르크의 아시아 마트에서 사 온 pho 큐브를 이용해서 쭌이 솜씨를 발휘할 예정이다. 쇠고기와 파, 양파, 마늘을 넣고 육수를 낸다. 여기까지 하면 딱 우리 쇠고기 국 맛이 나는데 pho 큐브를 넣으면 갑자기 베트남 쌀국수로 변한다. 아, 이 맛이야. 저녁을 든든하게 잘 먹고 잠자리에 들 준비를 한다.

좋은 침대에서 푹 자자. 푹 쉬고 스위스 여행을 제대로 시작하자.

마을 구경

푹 자고 일어난 다음 날 아침. 이 아름다운 산골 마을의 풍경을 놓칠 수가 없어서 동네 마실 겸, 장 보기에 나선다. 한 집 한 집 구경하느라 발을 도통 뗄 수가 없다. 걸음에 속도가 안 날 지경. 산 밑의 도로에서 위를 올려다보면서 저 푸른 초원 위 옹기종기 모여 있는 집들에서는 어떻게 생활할까 궁금했었다. 막상 그 안으로 들어와 보니 이렇게 조용하고 깨끗하고 반듯할 수가 없다. 오스트리아와도 다른 분위기와 모습. 물론 여긴 관광지가 아니라서 비교 대상이 될 수는 없지만 정말 인위적인 소리가 하나도 없는, 고요 그 자체다. 길 위에서 방향과 거리가 세세하게 나와 있는 표지판을 자

자세한 표지판이 마을 곳곳에 있다

청정의 물은 맛도 좋다. 값은 무료

주 만나는데 그걸 보니 여기 사람들이 무엇을 중요시하면서 사는지 알 것 같다. 마을 중앙에 약수터처럼 청정수를 고여놓은 곳은 수돗물이 없을 시절, 사람들이 물을 길어가는 소중한 공간이었겠다. 흐르는 물을 손으로 받아 마셔보니 물맛도 참 좋다.

비슷하게 생겼지만 같은 집은 하나도 없다. 딱 봐도 오래되어 보이는 터줏대감 오랜 집들 사이사이 새로 지은 것들이 끼어 있지만 멀리서 보면 '신구'의 구분이 안 된다. 마을 전체의 모습이 하나로 통일된 느낌. 법으로 강제한 건지 여기 사람들이 마을 디자인에 대한 감각이 남다른 건지는 모르겠으나 우리가 아름답다고 느끼는 스위스의 초록 시골 마을은 예전에 완성된 것이 아니라 지금도 그 기본의 틀 안에 채워지고 있다는 걸 알게 된다. 그리고 디테일. 집집마다 소품이나 화분 등으로 아기자기하게 창문이나 대문 앞, 마당을 꾸며놓았는데 그것 하나하

장보러 가는 길이 이렇게 아름다워도 되나요?

나 감상하는 재미가 쏠쏠하다. 다들 어디 인테리어 학원에라도 다니는 건지 어쩜 그리 센스가 좋은 걸까.

우리의 시골도 그렇듯 볕이 잘 든다거나 풍경이 좀 좋은 곳 엔 앉아 있을 벤치가 꼭 있다. 그것도 다 다른 모양으로. 한참을 앉아

서 가만히 있고 싶다. 여기 참 평화롭고, 고요하다.

드디어 동네 슈퍼에 도착했다. 스위스는 가게마다 한국 라면이 있다더니 정말 그렇다. 빨간색 라면 봉지를 볼 때마다 어찌나 반갑던지. 물론 우리는 라면이 많아서 사지는 않았지만. 집에 돌아와서 남은 쌀국수와 볶음밥, 그리고 밤참으로 슈퍼에서 산 냉동 피자를 오븐에 구워 먹었다.

'나도 여기서 살 수 있을까?' 마을을 걷는 내내 이런 생각이 들었다. 나와는 너무나 다른, 실로 고매한 분위기의 이곳이 그다지 당기지 않는다. 이렇게 집을 잘 꾸미고 깨끗하게 청소하며 살 자신도 없고 참으로 고요하게 매일 똑같은 일상을 보낼 생각도 없으니 일단 나는 패스.

쿠어를 떠나며

2박 3일간의 호화로운 스위스 생활(?)을 마치는 날. 아침부터 일어나서 밥해 먹고 청소하느라 정신이 없다. 민정 씨네 처음 들어왔을 때 그 완벽에 가까웠던 깔끔함을 비슷하게라도 유지시켜놓고 떠나야 한다.

처음에 왔을 때는 낯설었던 곳이 2~3일만 지나도 정이 들어서 떠나기 아쉬운 곳이 되어버린다. 관광지도 아닌 이 조용한 동네도 역시 그랬다. 그런 마음을 뒤로하고 그린델발트로 출발한다. 아이거와 융프라우가 우리를 내려다보는 그곳으로!

Czech

Switzerland

Austria

Italy

CAMPING HOLDRIO

ITRAMENSTRASSE, 3818 GRINDELWALD, SWITZERLAND
+41 (0)79 614 02 88(8:00 ~ 18:00)
WWW.CAMPING-GRINDELWALD.CH

Campsite Checklist

☑ Parking

☑ Shower

☒ WiFi

☒ Cafeteria

☑ Electricity

☑ Mart

☑ Sink

☑ Pet

☑ Restroom

☒ Campfire

#6 스위스
그린델발트

달력 사진 속에 도착
캠핑 홀드리오
그린델발트 하이킹
피르스트, 바흐알프제
트로티 바이크

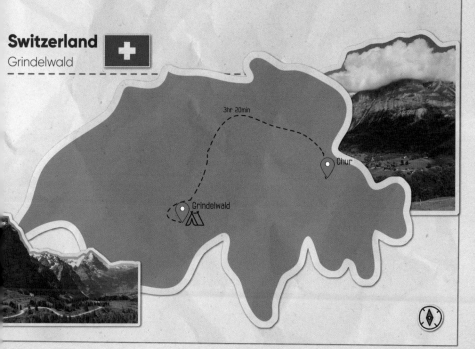

달력 사진 속에 도착

스위스를 대표하는 산악 리조트 마을 그린델발트

그린델발트에 도착할 때쯤 펼쳐지는 풍경은 이미 작품이다. 저 멀리 웅장한 설산이 점점 다가오고 초록 가득한 언덕 위에 네모난 집들이 톡톡 얹혀 있는 풍경은 진부한 표현이지만 그림 같고 동화 같다. '이래서 스위스 스위스 하는가 봐!'라며 흥분이 가라앉지 않는 상황. 스위스에서도 특히나 아름답다고 손꼽히는 그린델발트, 알프스의 하얀 봉우리들로 둘러싸인 이곳의 모습은 아무리 봐도 꿈인가 생시인가 착각할 정도다.

그린델발트 다운타운

드디어 도착한 그린델발트 다운타운. 모든 관광객이 이곳에 모여서 쉬고 이동하고 정보를 얻는다. 슈퍼마켓 체인점 coop의 규모도 어마어마하고 관광 안내소, 각종 레스토랑과 가게들도 즐비하다. 한국 사람, 중국 사람도 아주 많은데 유럽을 여행하다가 동양인을 만나게 되면 '아, 여기가 많이 유명한 곳이구나!' 생각하면 된다(관광지를 조금만 벗어나도 동양인 보기가 어렵다).

마트 coop에 들어가서 이것저것 장을 본다. 넓은 매장이 세계 각지의 관광객으로 붐빈다. 스위스는 물가가 높기로 유명하지만 사람의 서비스가 들어가지 않은 것은 생각보다 값이 꽤 괜찮다. 레스토랑에서 밥을 먹으면 엄청 비싸고, 슈퍼에서 재료를 사서 직접 조리해 먹으면 서울과 비슷한 수준. 먹어보고 싶은 스위스의 음식도 별로 없기에 이 나라에선 외식을 자제하겠다는 다짐을 한다.

쭌이 꿈꾸던 작은 프라이팬도 하나 사고, 와인과 식재료 등을 넉넉히 샀는데도 우리 돈 6만 7,000원 정도 나왔다. 여기도 사람 사는 곳 맞구나. 생필품과 식재료의 가격은 다들 비슷비슷하니 우리 같은 텐트족은 특히나 안심이다. 열심히 밥을 지어먹고 도시락 만들어 싸 들고 다녀야지.

건너편 관광 안내소는 관광객을 위한 정보를 다양하고 체계적으로 제공한다. 역시 프로페셔널한 관광 국가답다. 별다른 여행 준비를 하지 않았어도 이곳에서 모든 것을 알아낼 수 있다. 무료로 비치된 각종 지도에는 하이킹 코스부터 액티비티 그리고 취사 가능 지역 등 필요한 모든 정보가 들어 있다. 디자인도 단순하게 눈에 잘 들어와서 그림만 봐도 대강 알 수 있을 정도. 그리고 안내소 내에 컴퓨터가 있어 예약도 바로 가능하다.

관광 안내소에는 다양한 정보가 정리되어 있다

캠핑 홀드리오
Camping Holdrio

그린델발트 시내에서 장을 본 다음 산 위의 캠핑장을 찾아간다. 완전히 구불구불한 산길을 올라가는데, 이 산속에서도 또 공사를 하고 있다. 유럽 여행 내내 하루에 한 번 이상은 길 위의 공사현장을 꼭 만나게 된다. 내비게이션을 켜고 가다가 공사 구간이 나오면 GPS가 어찌나 헷갈려 하는지, 새로운 길을 못 찾고 자꾸만 다시 그쪽으로 보내는 바람에 난감한 경우가 생긴다. 여기서도 할 수 없이, 직진하라는 말을 무시하고 뒤로 차를 빼 다른 길로 돌아간다. 마침 우리 앞의 캠핑카가 한국 부부인 데다가 목적지도 같아서 편하게 그들의 뒤를 쫓아 캠핑장에 도착했다.

으아아아!!
그림, 그림, 정말 그림이다.

역시 진부하지만 이 말이 자꾸 입 밖으로 나오고 머리가 멍해져서 발밑에 펼쳐진 풍경만 입 벌리고 쳐다본다. 한참을 자리에 서서 이 경이로운 순간을 만끽하다가 그제야 체크인을 하려고 리셉션을 찾는다. 리셉션이라고 해 봐야 가건물 하나가 전부. 들어가보니 아무도 없다. 일단 뷰가 가장 좋은 자리에 차를 대고 사장님이 오기를 기다리며 풍경을 안주 삼아 맥

환상적인 풍경에 건배!

주를 마신다. 아, 자꾸만 꿈을 꾸는 것 같다. 그렇게 대화가 많은 우리 둘이 아무 말도 못하고 앞을 보다, 옆을 둘러보다, 하늘을 보다, 서로를 한번 쳐다보다, 만 하고 있다.

저 밑의 다른 캠핑장은 사람이 가득한 게 여기서도 보인다. 인기가 많은 모양이다. 사실 여긴 너무 높아 차로 올라오기도 불편하고 캠핑장 사이트에 경사가 있어서 아늑한 잠자리가 되기 힘들 수도 있다. 게다가 시설도 작고 열악하다. 그러나! 경치의 차원이 다르기에 모든 것이 용납된다. 앞에는 융프라우 설산이 떡하니 내 눈높이와 마주하고 저 아래에는 성냥갑만 한 알록달록 집들이 한눈에 들어온다. 오른 편에는

저 푸른 초원 위에 그림 같은 텐트를 치고

깎아지른 모습의 아이거 북벽이 우릴 내려보는, 이 자리를 어떤 이유로 포기 하겠는가.

사장님이 오드아이인 개와 나타났다. 체크인을 얼른 하고 텐트를 펼치려는 찰나, 오 마이 갓! 텐트를 세우는 폴이 통째로 없어졌다. 폴 없는 텐트는 그냥 천 조각일 뿐. 모든 가방과 차를 다 뒤지고 지난번 잘츠부르크 캠핑장에 전화까지 해보지만 아무 데도 없다. 머릿속으로는 다른 플랜이 동시에 돌아간다. 마을에 내려가서 텐트를 사야 하나. 그게 더 경제적일까. 차에서 잘까. 숙소를 다시 잡아야 할까. 여러모로 머리가 터질 지경. 그러다가 쫀의 의자 밑을 우연히 보니, 폴을 담은 가방이 얌전히 거기 있다. 발견과 동시에 때리려는 나와 도망가는 쫀, 이 둘이 톰과 제리처럼 차 주변을 빙빙빙 몇 바퀴나 돌았는지 모른다. 어찌됐건 너무 다행이다. 휴우.

시시각각 변화무쌍한 풍경에 눈을 뗄 수가 없다

나는야
알프스에서
겉절이 담그는 녀자~

김치찌개를 보글보글 끓이고, 새로 산 프라이팬에 삼겹살을 올리고 엄청난 풍경까지 반찬 삼아 식사를 한다. 나는야, 알프스에서 겉절이 담그는 여자. 캠핑장에 같이 올라온 한국인 혜원이가 융프라우를 배경으로 김치를 담그는 나를 보면서 정말 놀랐다고 나중에 말하더라. 얼마나 맛있었는지 알면 더 놀랐을 텐데. 외국에서 담가 먹는 김치는 그 희소성 때문인지, 배가 더 고프기 때문인지 심하게 맛있거든.

해가 지기 시작하면서 주변의 산에 붉은색 띠가 둘리는 풍경도 진정 경이롭다. 그리고 시간에 따라 점점 달라지는 풍경을 한순간도 놓칠 수 없다. 선명했던 붉은 띠는 점점 사라지고 하얀 구름은 짙은 회색이 되어 밤을 알린다.

산을 많이 다녀봤지만 이런 붉은 띠는 처음 봤다

밤이 되면 마을에 하나둘씩 별이 뜬다

저 멀리 마을에서 불빛이 하나둘 켜지기 시작하는데 이 모습까지도
참 비현실적이다. '지구마을 미니어처'를 실제로 보고 있는 기분.

그린델발트 하이킹

다음 날 아침이 밝았다. 높은 산맥 사이의 태양이 어떤 방향과 속도로 비추기 시작하는지 선명하게 보인다. 붉게 물들다 어둠 속에 사라졌던 아이거 북벽도 아침이 되니 언제 그랬냐는 듯 은빛으로 반짝이고 있다. 가만히 앉아 변화무쌍한 주변 풍경 구경만 해도 일주일은 거뜬하게 즐길 수 있을 만한, 대박 장소, 캠핑 홀드리오.

천국의 아침

오늘은 트래킹을 하는 날. 어제 남은 김치찌개에 계란 프라이를(계란이 없으면 어떻게 유럽에서 살아남을까. 어딜 가나 저렴하게 우리를 반기는 최고의 식재료. 하긴 서울에서도 얘 없이는 못 산다) 두 개씩 먹어서 배도 든든하다.

캠핑장에서 나가는 버스가 (캠핑장에서 무료 티켓을 준다) 한 시간에 한 대이므로 출발 시간을 미리 잘 알아놓아야 한다. 버스

그린델발트 버스 정류장

를 타고 산을 내려와 그린델발트 시내에 도착, 이곳 버스 정류장에서 원하는 표를 끊는다. 보통은 그린델발트에서 피르스트까지 곤돌라를 타고 올라가서 피르스트 근처 호수까지 하이킹을 하고 내려온다. 그러나 산을 좋아하는 우리는 그로세 샤이데크Grosse Scheidegg 역에 내려 피르스트까지, 또 거기서 호수까지 하이킹하기로 했다. 피르스트까지 한 시간 40분, 피르스트에서 호수 왕복이 한 시간 반 정도 걸리는 어렵지 않은 코스다. 우리의 목적지, 그로스 샤이데크까지 버스 요금이 무려 3만 원이 넘는다. 30분 정도의 거리인데 그 가격이라니, 스위스는 교통비 역시 후덜덜하다. 버스로 올라가는 산길도 너무 아름다워서 입이 계속 다물어지지 않는다. S자가 아닌 거의 납작한 'ㄹ' 수준의 구불구불 길을 올라 그로세 샤이데크 역에 도착했다.

다양한 방향으로 하이킹 코스가 있다

버스에서 함께 내린 사람들이 흩어지고도 얼마 동안인가 발을 떼지 못했다. 바라보는 것만으로 압도되는 웅장한 알프스의 산이 눈앞에서 거인처럼 내려다보고 있다. 정신을 가다듬고 이정표를 살펴 피르스트 방향으로 발걸음을 옮긴다. 하이킹 코스가 더할 나위 없이 좋다. 초록 초원 사이의 오솔길을 편안하게 걷다가 가끔씩 눈을 들어 새하얀 설산을 바라보면 매번 마치 처음 본 듯 '우와!' 하고 감탄하게 된다.

커다란 방울이 텅텅 울리는 소리가
들리면 소 떼가 나타난다. 여기 소는
우리 소와는 좀 다르게 생겼다. 이렇
게 높은 곳까지 소 무리를 어떻게 데
리고 올라왔을까. 초원과 잘 어울리는

소 떼들과 인사를 하고 계속해서 길을 간다. 경사도 심하지 않고, 풍경

달력 사진 속에서 한 컷

경치는 압도적이지만 길은 편안하다

도 기가 막혀서 어르신들도 많다. 특히 유럽에서는 노부부 여행객을 많이 보는데 중간중간 경치 좋은 곳에 설산처럼 머리가 하얗게 된 두 분이 나란히 앉아 먹을 것을 나누거나 말없이 풍경을 바라보는 장면이 참 좋다. 우리도 저렇게 나이 들어가자고 몇 번을 말했던지. 이 코스에서는 끝까지 동양인을 한 명도 보지 못했다.

떨어지는 폭포도 영롱하게 맑다. 오염이라고는 태초부터 몰랐을 그 물에 손을 대면 쨍하게 차갑다. 음용이 가능한 수도도 중간중간 있어 물통에 받거나 그 자리에서 마시면서 갈증을 푼다(간혹 마실 수 없는 곳은 따로 표시를 해 놓았다).

피르스트, 바흐알프제

5월의 달력 같은 풍경은 거기
가 거기 같은데도 계속해서 새
롭다. 감탄하며 걷다보니 곤돌
라 정류장이 있는 피르스트가
나타난다. 건물 안에는 레스토
랑과 화장실이 있고 사람으로
북적인다(화장실이 무료이므로 무조
건 들러야 한다).

곤돌라 정류장 바로 뒤에는
절벽 전망대가 있다. 파이브 핑
거스에서도 확인했듯 고소공포
증 환자인 나는 초입까지 갔다
가 바로 실패. 뒤돌아서 조용히
나왔다. 절벽 밑이 훤히 보이는

저런 무서운 장치는 왜 만들어놓은 걸까. 전망대에서 얼마 지나지 않아
도착하는 '바흐알프제' 호수. 막상 마주하니 기대에 못 미치는 어두컴컴

햇빛에 따라 시시각각 변하는 바흐알프제 호수

한 물빛과 작은 규모에 실망했다. 그래도 준비해 간 의자를 펴고 설산과 호수를 한 시선에 바라보고 있는데 호수 위로 햇살이 밝게 비치기 시작하니 갑자기 최고의 그림으로 탈바꿈한다. 잿빛 풍경을 총천연색으로 만드는 태양의 힘을 새삼 느낀다.

여기서 점심을 먹자. 아침에 달걀, 채소, 치즈 등을 넣고 만든 햄버거와 작은 와인 한 병을 꺼낸다. 이 달력스러운 풍경과 함께하는 식사라니. 옆의 노부부는 와인을 홀짝이다 누워서 눈을 감고 바람과 햇살을 느끼다 다시 일어나 풍경을 바라보기를 반복하고 있다.

우리도 한참 그렇게 이 순간을 느끼고 싶지만 이내 일어난다. 다시 피르스트 곤돌라 탑승장으로 가자. 하산길에는 이번 여행에서 유일무이할 액티비티를 해볼 예정.

트로티 바이크

트로티 바이크

피르스트에서 그린델발트까지 걸어서 내려간 사람이 있다고 인터넷에서 봤던 것 같은데 그건 '비추'다. 그러다가 캠핑장으로 돌아가는 버스를 놓치면 낭패기도 하고 페달 없는 트로티 바이크를 타보는 것도 좋은 경험이기 때문이다. 곤돌라를 타고 중간까지 내려와 바이크 렌털점에 도착한다. 간단한 서류를 작성하면 헬멧과 바이크를 받을 수 있다. 페달이 없는 트로티 바이크는 오직 내리막길만 갈 수 있어 이런 완만한 산길에서 적격이다.

워낙 쫄보라 처음에는 겁이 많이 났다. 내려가는 길에 바이크를 끌고 다시 올라오는 사람을 지나쳤다. 길가에 버려진 바이크도 몇 대 보이는 걸 보니 포기자가 왕왕 있는 모양이다. 그러나 조금씩 익숙해지면서 겁이 달아났는지 신이 나서 큰 소리가 절로 난다. 바람을 직접 가르며 느끼는 주변의 풍경은 또 다른 선물. 시내까지는 몇 번 쉬면서 천천

내리막 전용 트로티 바이크

히 내려가도 30분 정도면 도착
한다. 바이크를 반납하고 버스
타는 곳까지 시내 거리를 걷는
다. 다들 야외 테이블에 앉아 식
사도 하고 맥주도 한 잔씩 하는
걸 보니 우리도 어서 캠핑장으
로 돌아가 맛있게 차려 먹고 싶
다.

레스토랑 안 부러웠던 캠핑장 퐁듀

오는 길에 마트에서 산 퐁듀
치즈를 끓는 물에 중탕해서 녹
이고, 빵을 찍어 먹는다. 퐁당 찍
어 먹어서 퐁듀인가. 부드럽고 고소한 액체 치즈에 갓 나와 뜨끈하고

이 풍경은 대체 표정이 몇 개인가?

몰랑한 빵을 찍어 먹으니 20만 원짜리 레스토랑 퐁듀가 안 부럽다. 와인 한 잔에 하이킹으로 고단했던 몸이 퐁듀처럼 녹아내린다. 해가 넘어가는 그림 같은 저 풍경도 오늘이 끝이라니 아쉽기만 하다. 이렇게 그린델발트의 마지막 밤이 저물어간다.

04 스위스 🇨🇭
캠핑 홀드리오
Camping Holdrio

그린델발트가 내려다보이는 아이거 북벽Eiger Nordwand 아래 자리 잡은 다소 열악한(?)
시설의 캠핑장. 사이트가 기울어져 있고 샤워장은 간이 시설에 가깝지만 모든 단점을
무색하게 하는 극강의 풍경을 자랑한다. 시간별로 달라지는 압도적인 풍경은 캠핑장
자체도 관광지가 될 수 있음을 보여준다. 하루 종일 캠핑장에만 있어도 충분할 정도.
카라반도 운영하며 공동 주방과 식당도 있다. 유명한 만큼 한국 사람이 많다. 인스타그
램 최적화 캠핑장.

기본정보

위치 Itramenstrasse, 3818 Grindelwald, Switzerland
전화 +41 (0)79 614 02 88(8:00 ~ 18:00)
홈페이지 http://www.camping-grindelwald.ch - →
입장료 1박 37스위스프랑(48,000원 어른2 소형 텐트 기준, 주차 포함)
영업기간 동절기 휴무
시설 주차 O 와이파이 X 전기 O 개수대 O 화장실 O 샤워 O 애완견 O 모닥불 X

부가정보

바닥 잔디
마트 그린델발트 쿱coop(차량 9분)
부대시설 공동 식당(맥주와 음료 판매), 취사장(주방 시설이 비교적 훌륭하다)
주변활동 그린델발트 시내(차량 10분), 맨리헨Maennlichen, 바흐알프제Bachalpsee, 피르스트
First 등 그린델발트 인근 명소가 모두 가시거리에 있다.

구글맵

🗺️ 캠핑 홀드리오

🗺️ 캠핑 홀드리오에서 쿱, 차량 이동(약 9분)

🗺️ 캠핑 홀드리오에서 샤이덱, 차량 이동(36분)

🗺️ 샤이덱에서 피르스트, 바흐알프제 트레킹(2시간 13분)

CAMPING LIDO

VIA GREGORIO PIETRAPERZIA, 13,
21061 MACCAGNO CON PINO E VEDDASCA VA, ITALY
+39(0) 327 669 9287(8:00 ~ 18:00)

Czech

Austria

Switzerland

Italy

Campsite Checklist

- ☑ Parking
- ☐ Shower
- ☑ WiFi
- ☑ Cafeteria
- ☒ Electricity
- ☑ Mart
- ☑ Sink
- ☑ Pet
- ☑ Restroom
- ☒ Campfire

#7 이탈리아
마카뇨

어디로 갈까
캠핑 리도
마조레 호수

Italy
Maccagno

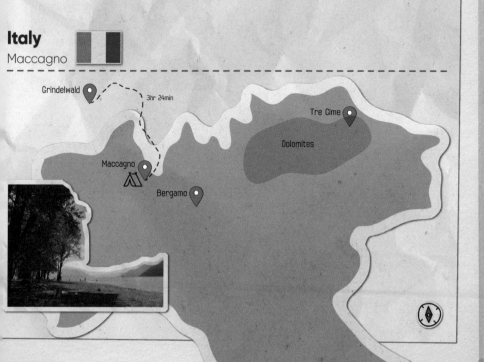

Grindelwald

3hr 24min

Tre Cime

Dolomites

Maccagno

Bergamo

어디로 갈까

아침을 잘 차려 먹고 점심 도시락을 싼 뒤, 다음 여정을 고민한다. 처음 계획했던 대로 스위스의 체르마트로 가서 마테호른을 볼 것인지 아니면 다른 나라로 넘어갈지 어제부터 계속 갈등 중이다. 스위스 융프라우 일대는 어제의 하이킹으로 더는 여한이 없다. 그리고 이 달력같이 완벽하게 아름다운 풍경이 좋긴 한데 왠지 기가 다 빨리는 느낌도 든다.

'그래, 마테호른 하나를 보기 위해서 스위스에 더 머물 이유는 없을 것 같아!'

'그렇다면 어디로 가지?'

'그냥 이탈리아로 빨리 넘어가자.'

참 이상하게도 이토록 완벽하게 아름다운 스위스에 더 있고 싶은 마음이 없다. 한 점 흠이 없는 여기를 떠나 좀 느슨하고 만만한 나라에서 우리 식으로 놀아보고 싶다. 그래, 마음을 정했으면 바로 떠나는 거야. 어차피 우리 둘의 여행, 누구의 동의를 구할 필요는 없다. 지도를 보니 스위스 국경과 가까운 이탈리아의 커다란 호수가 눈에 들어온다. 여기 좋네.

체크아웃을 하고 이탈리아를 향해 한참을 가는데 갑자기 또 구불구불 엄청난 산길이 나타난다. 어마무시해서 입이 떡 벌어지는 거대한 산맥. 절벽을 따라 난 좁은 길로 조심조심 운전하는데 계속되는 오르막이

갑자기 나타난 거대한 산

라 기름 게이지가 눈에 보이게 팍팍 떨어지고, 그런 와중에도 너무 멋진 장관에 할 말을 잃는다. 쭌은 옆에 앉아 연신 감탄하며 사진과 영상을 찍고 있고, 중간중간 아예 차를 세워 풍경을 감상하는 사람들도 많이 보인다. 우리도 정상 부근에 주차를 하고 차에서 내려 사방을 바라본다. 강한 야생의 기운이 가득하다. 깊은 산세에 압도당하고 하나의 작은 점으로 쪼그라드는 나. 대단한 자연 앞에서는 늘 한없이 작아진다.

이 험한 길을 빠르게 또 느리게 올라오는 오토바이와 자전거들이 종종 눈에 띈다. 그들은 마치 높고 웅장한 성지를 정복하려는 사람들 같

자전거로 이 산을 넘는다니

다. 자동차들도 속도를 내지 못하고 엉금엉금 가고 있는데 그런 차들을 지나 엄청난 속도로 사라지는 바이크들을 보며 신기할 따름. 그에 반해 자전거는 걷는 것과 비슷하게 느린 속도라서 오늘 안에 어느 정도나 갈까 싶은 걱정이 든다. 알려진 장소도 좋지만 우연히 마주친 뷰나 스팟에서 받는 감동의 순간들이 하나하나 쌓여 나만의 추억이 늘어가는 것도 참 값지다.

캠핑 리도
Camping LIDO

산을 넘고 나니 작은 시골 마을이 나온다. 스위스와 점점 안녕을 고하는 중. 목적지가 얼마 남지 않았을 때 드디어 이탈리아 국경이 보인다. 여기는 웬일로 지키는 사람이 서 있다. 그러나 별다른 검사 없이 우리 얼굴만 한 번 쓱 보고 패스. 국경을 넘자마자 엄청난 호수가 맞이하는 동네를 만났다. 그리고 바로 호숫가의 캠핑장에 도착한다.

차오(Ciao), 이탈리아!(Ciao는 이탈리아 말로 안녕이란 뜻)

체크인을 하려는데 이곳에서 17년을 일했다는 직원이 한국 사람은 처음이라며 신기해한다. 우리가

처음으로 깃발을 꽂은 것 같아서 괜히 뿌듯한 기분. 이어서 북한 사람인지 남한 사람인지 물어본다. 우리는 우리만 한국 사람이라고 생각하지만 외국 사람들의 객관적인 시선에선 두 나

라 다 코리아(Korea)다.

리셉션 건물에는 작은 펍이 붙어 있어(와이파이 가능) 주류와 음료, 간단한 안주, 과자, 물품 등을 판매한다. 생맥주의 가격을 보니, 이탈리아에 왔다는 것이 실감난다. 체코보다는 비싸지만 그래도 스위스에 비하면 훨씬 싸다. 웰컴 맥주 한 잔 시원하게 들이켜고 좀 쉬다가 텐트를 편다. 잔잔하고 평화로운 호숫가의 캠핑장에는 주로 캠핑카들이 사이트를 채우고 있다. 대부분 노부부가 한가로이 테이블에 앉아 와인이나 차를 마시거

호숫가에 있는 캠핑장 리도

나 책을 보며 시간을 보낸다. 뛰거나 서두르는 사람이 오히려 이상하게 보일 정도로 이곳의 시간은 느리게 간다. 우리 바로 옆 텐트에 커다란 바이크 두 대가 주차되어 있어 당연히 젊은 커플인 줄 알았는데 웬걸 머리가 하얀 노부부였다. 강가에 편한 의자를 놓고 앉아 하루 종일 해 바라기를 하는 이분들이 바이크를 타는 모습을 직접 보고 싶었는데 아쉽게도 우리가 먼저 이동하게 되어 불발. 유럽 여행에서 쭌이 가장 부러워한 커플이다.

화장실, 샤워실과 설거지 공간까지 깨끗하고 널찍하다. 그동안 알프스산맥의 고지대를 다니느라 여름을 느끼지 못했는데(심지어 밤에는 추웠음) 여기는 뜨거운 태양이 내리쬐어 물놀이하기 딱 좋은 날씨다. 차로 두 시간 달려왔음에도 어떻게 이렇게 다를 수가 있는지 신기할 정도. 우

알프스에서 내려오니 여름이다

리도 호숫가에 앉아 시간을 보내고 싶지만 동네 슈퍼가 문을 닫기 전에 장부터 봐야 한다. 구글 맵에 'market'을 찍으면 근처 모든 가게의 위치가 뜨고 문을 열고 닫는 시간 등 기본 정보도 나오니, 어느 나라 어느 도시에 가든 걱정이 없다.

작지만 없는 것 하나 없는 동네 슈퍼에서 장을 보고 돌아오는 길. 역시 마트의 물가는 어디든 비슷하다. 슈퍼 앞에서 주운 나무 상자 하나로 신이 난 쭌. 이날 이후 우리의 고마운 식탁이 되어주었다. 해가 기울면서 더욱 조용해지는 마카뇨의 골목길. 스위스와 이렇게 가까이 붙어 있음에도 딱 이탈리

주운 나무 상자는 이후 훌륭한 식탁이 되었다

아임이 느껴지는 건물들이 매력 넘친다.

테트로 돌아와 수영복을 입고 물가에 앉았다. 날이 저물어가서 그런지 물이 차다. 수영 박사 쭌은 벌써 입수했고 나는 차마 들어가지 못하고 강가에 앉아서 평화로움을 감상한다. 이미 색이 짙어지기 시작하는 호수 위로 떨어지는 햇살은 보석보다 찬란하게 마지막 인사를 보낸다. 그 위를 유유히 떠다니는 고니 한 마리와 수영하는 쭌, 고요하게 지는 하루에, 눈물이 날 것 같으면서도 미소가 지어지는 묘한 감상에 젖는다. 그렇게 한참을 있으니 배가 고파온다. 호수는 내일 더 즐기기로 하고 텐트로 돌아와 저녁 준비 시작.

처음 본 송아지 고기를 굽고, 초절임 해산물을 올린 샐러드를 곁들인다. 매일 산으로만 다니다보니 해산물 구경하는 게 하늘의 별 따기. 비록 초절임이지만, 그래도 반갑다(맛은 좀 별로). 저녁을 먹고 나서 어떻게 잠들었는지 모르게 기절했다.

자면서도 궁금했던 것이 '왜 이탈리아에 오니 마음이 이렇게 편할까?'였다. 왜일까.

마조레 호수
Lake Maggiore

Maccagno, 마카뇨. 자꾸만 이름을 되뇌어봐도 생소하다. 우리나라 포털 사이트에서 정보를 얻어보려 해도 별게 없다. 17년 동안 한국 사람은 처음이라더니 그 말이 맞나 보다. 아무도 모르는 곳에 우리 둘이 있지만 전혀 불안함이 없다. 주변에는 온통 느릿느릿 선한 미소를 지어주는 노부부들 그리고 아이들과 함께하는 가족들이다. 캠핑장 사람들도 친절하고 따뜻한 햇살 아래 우리 집(?)도 포근하니 모든 것이 흡족하다.

그런데 몇 가지 문제가 있다. 강가의 강한 밤바람에 무슨 열매인지 모래인지 모를 것이 후드득 텐트 위로 떨어져 그 소리에 잠이 깼다. 그리고 낮에는 없다가 밤이 되면 갑자기 나타나는 모기도 골칫거리. 여행을 시작하고 보름 동안 한 번도 마주한 적이 없는 모기 녀석들을 여기서 처음 만났다. 한 번 물리면 며칠 동안 부어오르는 게 만만한 놈이 아니어서 계속 신경이 쓰인다. 그래도 아침 날씨가 너무 좋다. 알프스산맥을 다닐 때는 비가 종종 내려서 신경 쓰였는데 여기는 쨍쨍 그 자체.

영화 속 주인공 같던 두 남녀

이른 시간부터 강가에는 사람이 많다. 스위스 국경과 맞닿아 있는 이 커다란 호수 이름은 마조레 호수. 오늘 강가에서 가장 눈에 띄는 두 명은 당장 영화에 출연해도 무조건 주인공일 외모의 중년 남성과 그의 딸인 듯한(그녀도 여주인공) 아름답고 날씬한 여인이다. 그리고 북슬북슬 커다란 강아지까지 더해 마치 패션 잡지를 촬영하듯 선탠 중. 날씬하고 아름다운 사람들이 눈앞에 있으니 이탈리아에 온 것이 더욱 실감난다.

쭌이 짜파구리란 것을 끓여 줬다. 짜파게티와 너구리 각각의 수프를 다 넣는 레시피인데 너무 맛있다. 달걀 프라이를 얹어 비벼 먹으니 옆집 이탈리아 할아버지도 맛있게 드실 글로

벌한 요리의 완성. 어제 산 신선한 올리브오일을 넣은 양상추 샐러드와 작은 김치 하나 뜯어서 맛있게 식사를 마쳤다. 이제 우리도 호수에 가서 제대로 물놀이를 합시다.

호숫가에서 평화로운 휴식

　　나는 텐트 안에 깔고 자는 에어매트를 튜브 삼아 물에 둥둥 떠 있을 계획을 실행한다. 오, 생각보다 잘 뜬다. 그렇게 떠 있는 나를 두고 준은 깊은 곳까지 들어가 신나게 수영을 즐긴다. 바닷물이 아니라서 물놀이하기 더 좋다. 강가에 사람들이 계속 늘어나는데도 평화로운 풍경은 그대로. 서양 사람들은 볕 쬐는 것을 참 좋아한다. 모자를 눌러 써 햇빛을 가리고 있는 건 나밖에 없는 듯하다. 이렇게 하루의 시간을 보낸다. 아무것도 안 한 건 아니지만, 딱히 한 것도 없다. 그저 이들처럼 호수를 즐기고 햇살을 받으며 편하게 있었다. 그게 다였지만 그래서 기억에 남았던 오늘.

슈퍼가 닫기 전에 또 장을 보러 갈 겸 동네 산책에 나선다. 마을이 정말 작다. 스위스와 바로 붙어 있지만 아무리 봐도 확연히 '이탈리아'스러운 동네. 시청이 있는 곳을 중심으로 강가에 이르기까지 휴양지 분위기도 나지만 평범한 시골 마을 같기도 하다.

호수로 가는 작은 터널도 참 이탈리아스럽다

조용한 마을에 유일하게 북적대는 곳. 레스토랑 라 가벨라

걷는 내내 고요했던 동네 골목에서 사람 소리로 시끌시끌한 음식점을 발견했다. 현지인들이 모두 여기로 모여든 듯 시끄럽다. 이런 곳을 진정한 동네 맛집이라고 했던가. 호수가 보이는 야외 테이블에 앉았다. 메뉴를 들여다본다. 피자 종류만 몇십 가지인데 그 외의 음식들은 이탈리아어로만 적혀 있어 아무리 봐도 모르겠다. 친절하고 당당해서 더욱 멋진 직원들의 도움으로 루콜라 피자와 봉골레 파스타 그리고 와인 한 병을 주문했다. 해가 떨어지기 시작하는 하늘과 레스토랑의 북적이는 분위기가 너무 좋아서 "아, 우리 지금은 정말 신혼여행 같다"라고 말하고 서로 웃었다.

스파클링이 살짝 있는 새콤하고 시원한 레드와인은 처음 겪는 맛. 정말 맛있다. 레스토랑에서 시켰음에도 한 병 가격이 2만 3,000원 정도. 역시 이탈리아(체코와는 비교하지 맙시다). 루꼴라 피자는 많이 보던 모양이긴 한데 그냥 담백한 도우에 루콜라와 파마산 치즈, 토마토가 얹어 나

온 것이 전부. 점성 있는 치즈가 없어서 뒤집으면 모든 토핑이 훌훌 떨어진다. 이건 실패다. 옆 테이블의 쭉쭉 늘어나는 치즈 듬뿍의 피자가 부러워서 자꾸 힐끔거리게 된다. 우리의 건강(?) 피자는 모든 토핑의 맛과 담백한 도우가 그대로 느껴지는 색다른 경험이라는 것으로 만족하자. 봉골레 파스타는 두껍고 단단한 면발에 조개가 양껏 올려 있고 붉은색을 띠는 오일 소스가 넘치지 않게 내용물에 달라붙었다. 간도 좋고 맛도 좋은데 면이 좀 부담스러워서 조개 까먹는 데 더욱 집중했다. 맛있는 소스를 바닥까지 숟가락으로 싹싹 긁어 먹으며 마무리. 다음에는 "여기서 가장 유명한 게 뭐예요?"라고 물어보고 시키기로 다짐한다.

식사를 마치고 계산을 할 때 지배인이 우리를 보더니(동양인 커플이 신기했던 모양) 갑자기 작고 예쁜 잔의 칵테일을 한 잔씩 준다. 한 번에 들이키려는(한국인의 패기는 원 샷 아니던가) 우리를 보고

직원들이 깜짝 놀라며 고개를 절레절레, 이윽고 한바탕 같이 웃었다. 막상 맛을 보니 엄청 독하다. 여행을 좋아한다는 지배인과 이런저런 얘기

를 나누는데 그가 '베르가모'라는 도시를 추천한다. 밀라노처럼 북적이는 관광지를 싫어한다면 꼭 가볼 만한 곳이라고 얘기하며 구글맵으로 사진을 보여준다. 세상에나, 올드시티가 너무 멋있다. 우리의 최종 목적지인 이탈리아 알프스 돌로미티에 대해서도 자세히 알려주고, 근처 가볼 만한 아름다운 호수도 우리 구글맵에 표시해주었다.

이렇게 다음 여행지가 얼결에 정해졌다. 캠핑장으로 돌아오면서도 왜 이렇게 마음이 든든하던지. 낯선 곳에서 만난 모르는 이의 작은 도움과 관심이 집 떠나온 여행자의 긴장된 마음을 녹인다. 여행 중반에 아무 계획 없이 찾아온 마을, 마카뇨. 떠날 생각을 하고 어둠이 내린 호수를 바라보니 역시 또 아쉬움이 남는다.

05 이탈리아 ■■

캠핑 리도

Camping LIDO

조용한 휴양 마을 마카뇨에 위치한 힐링 캠핑장. 마조레 호수 주변의 무수히 많은 캠핑장 중 하나다. 낙관적이고 느긋한 사람들 사이에서 목적 없이 쉬기에 딱 좋은 곳. 알프스의 풍경에 압도되었던 마음이 노곤하게 풀리는 경험을 했다. 가격이 싸고 나무 그늘이 좋아 타프를 설치하지 않아도 햇빛을 피할 수 있다. 호수에 뛰어들거나 그늘에서 낮잠을 자는 일상. 친절하고 맛있는 동네 맛집에도 반드시 들리자.

기본정보

위치 Via Gregorio Pietraperzia, 13, 21061 Maccagno con Pino e Veddasca VA, Italy
전화 +39(0) 327 669 9287(8:00 ~ 18:00)
홈페이지 없음
https://www.lagomaggioreguide.com/campeggi-lago-maggiore(마조레호수 캠핑장 정보)
입장료 1박 25유로(33,000원 어른2 소형텐트 기준, 주차 포함)
영업기간 동계 휴무
시설 주차O 와이파이O 전기X 개수대O 화장실O 샤워O 애완견O 모닥불X

부가정보

바닥 잔디
마트 동네 슈퍼unes supermercati(도보 10분)
부대시설 펍(리셉션과 연결되어있다. 커피와 맥주 기타 음료)
주변활동 마조레 호수, 이탈리안 레스토랑 라 가벨라La Gabella

*2022년 5월 현재 캠핑 리도는 임시 휴업중이다. 그러나 마조레 호수 주변에 캠핑장이 무수히 많으니 염려마시라!

구글맵

🗺️ 캠핑 리도

🗺️ 동네 맛집 라 가벨라

🗺️ 캠핑 리도에서 동네 슈퍼, 도보 이동(9분)

#8 이탈리아
베르가모

정말 그곳으로
베르가모 에어비앤비
베르가모 신시가 치타 바사
베르가모 구시가 치타 알타

Italy
Bergamo

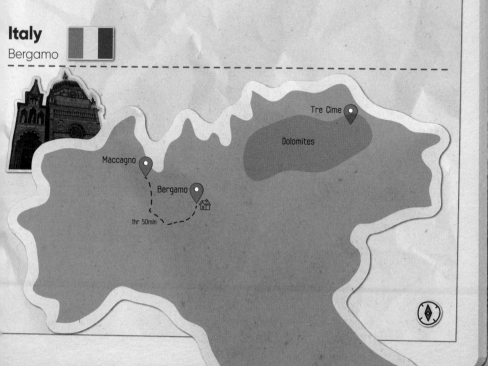

정말 그곳으로

    어제 레스토랑의 매니저가 추천했던 '베르가모'라는 도시에 정말 가기로 했다. 우리 신혼여행의 목적지인 '돌로미티'로 가는 길에 있으니 딱 좋다. 아름답지만 너무 완벽하고 물가 비싼 스위스에 왠지 정이 가지 않았던 우리는 마테호른을 포기하고 서둘러 이탈리아로 내려왔다. 그래서 아무런 정보가 없다는 게 문제. 다른 국가들에 대해서는, 그 무거운 여행책을 나라별로 한 권씩 들고 오기도 했고 인터넷에도 정보가 많아서 불편함이 없었다. 그런데 왜 우리는 그렇게 중요하다는 우리의 목적지 (심지어 거기 가려고 결혼을 했다고 얘기하면서), 이탈리아의 책은 하나도 준비하지 않았을까.

    어찌됐건 아침을 먹는다. 비빔 쌀국수. 베트남 쌀국수 면은 미리 물에 불려줘야 맛있다. 무턱대고 건면을 아무리 끓여 봐야 불린 면만큼 부드러워지지 않는다. 진라면도 하나 국물 삼

맛있고 저렴한 이탈리아 커피

아 곁들여 먹고 다음 여행지로 떠날 준비에 들어간다. 쭌은 텐트를 정리하고 나는 체크아웃을 하고 와이파이가 되는 곳에서 베르가모 숙소를 찾기 시작한다. 맛있는 이탈리아 커피도 빼놓을 수 없다. 이탈리아는 전국의 커피값이 거의 동일하다. 테이크아웃은 1유로, 자리를 잡으면 2유로. 이렇게 착한 가격에 맛은 또 얼마나 좋은지, 지난번 엄마와의 여행부터 이탈리아는 내게 맛있는 커피의 나라로 기억되었다.

자연과 도시를 번갈아가며 여행하자는 게 공통의 생각이다. 텐트 생활만 너무 하면 장기 여행에 피로가 쌓일 수 있기 때문. 그런데 베르가모 숙소가 여의치 않다. 너무 싼 곳은 중심부에서 거리가 멀고, 시내는 가격도 비싼데 바로바로 예약 완료가 되어버린다. 심사숙고만 계속하다가는 남은 방마저 없어질 것 같아서 결국 예약을 한다. 모르겠다. 떨린다. 이번 여행에서 쭌과 내가 맡은 파트가 점점 뚜렷하게 나뉘고 있다. 누가 먼저 그러자고 한 것도 아닌데 자신의 장점과 성향을 살리다 보니 어느새 이렇게 되었다. 그는 캠핑장을 찾고 길을 알아내고 각종 몸을 쓰는 일 등의 역할을 하고, 나는 운전을 하고 캠핑장이 아닐 때 적당한 숙소를 잡는다. 자기 파트에서는 최선을 다하고 상대방의 분야에 대해서는 간섭을 안 하는 우리만의 역할 분담이 자연스레 정착되었다. 앞으로 같이 살아갈 삶의 패턴을 미리 경험하는 것 같기도 하고.

숙소를 정하고 텐트 정리도 끝났으니 이제 떠나자. 여름 물놀이를 시켜준 마카뇨 호숫가 캠핑장과 작별의 시간.

이탈리아 고속도로 체계는 우리가 지나온 나라들과 다르다. 체코, 오스트리아, 스위스에서는 비녯을 사서 차창에 붙이면 만사 오케이였는데 여긴 우리나라와 비슷한 시스템. 톨게이트를 지날 때마다 표를 끊고 요금을 내야 하므로 일단 비녯

우리나라와 비슷한 이탈리아 톨게이트

없이 베르가모를 향해 달리기 시작한다.

베르가모 에어비앤비
A ROOMS B&B

ZTL 구역 표시

마카뇨에서 두 시간 정도 운전하니 베르가모 시내다. 우리가 묵을 숙소는 체크인하는 건물이 멀리 떨어져 있다. 일단 주차를 하고 사무실을 찾기 시작했는데 못 찾아서 꽤 헤맸다(결국 찾아가보니 정말 쉬운 곳에 있었는데 뭐에 홀린 듯 코앞의 장소를 두고 뱅뱅 돌았다). 베르가모에서 주차하는 방법. 기계에 돈을 넣고 티켓을 받아 운전석 앞 유리 안에 보이게 놓으면 된다. 이런 별것 아닌 것도 몰라서 사람들에게 물어보기도 하고, 둘이 머리를 싸매기도 하는 우리는 이방인이다.

그리고 이탈리아 자동차 여행에서 가장 중요한 단어는 ZTL(Zonna Triffico Limitato). 이탈리아에 있는 유적들을 보호하기 위해 차의 출입을 통제하는 구역을 뜻한다. 문화유적이 워낙 지천에 널려 있는(이렇게 쓰고,

부럽다고 읽는다) 이탈리아에는 당연히
ZTL 구역이 많다. 이것 때문에 이탈리
아를 여행할 때는 자동차 렌트를 포기
한다는 말이 나올 정도. 한 번만 그냥
지나가도 벌금이 10만 원 이나 나오니
겁이 날 만도 하다. 오래되고 중요한
지역이라는 촉이 올 때는 바로 차를
근처 주차장에 버리고(?) 걷는 것이 낫
다.

고생해서 찾아가니 낙이 있다. 원
래 예약한 곳보다 좀 더 상태가 좋은
숙소로 배정받은 것. 주택을 개조해서
만든 이 숙소는 신기하게도 모든 것이
무인 시스템이다. 주차를 하고(하루에 5
유로를 미리 결제한다) 사무실에서 가르쳐
준 현관의 도어록 비번을 누르고 들어

간다. 이 숙소의 가장 큰 장점은 주차
장. 유럽에서 숙소를 알아볼 때(에어비
앤비나 저가의 숙소는 특히) 주차장의 유무
를 꼭 확인해야 한다.

화장실, 주방 등의 청소 상태도 좋
고, 방도 넓고 깨끗하다. 걱정했는데

결과가 좋아서 다행. 매번 걱정하고 안심하고를 반복하는 게 여행. 1층의 부엌은 공용 공간. 저렴한 가격의 숙소인 만큼 알뜰한 여행객들이 가득해서 아침 식사는 다들 여기서 해결하고 나간다. 세계에서 모인 사람들과(전원이 백인) 한 집에서 지내는 새로운 경험의 시작. 그동안 알프스산맥으로 다니느라 더운 줄을 전혀 몰랐다가 마카뇨에서부터 여름을 깨달았다. 호수도 없는 여긴 거기보다 더 덥다. 방에서 에어컨을 빵빵하게 켜고 잠시 쉬었다가 저녁을 먹으러 나간다.

구글에서 검색한 동네 맛집이 걸어서 10분 정도 거리에 있다. 겉에서 볼 때는 어두컴컴해서 영업을 안 하는 건가 걱정했는데 막상 안으로 들어가니 꽤 넓은 실내에 사람들이 가득하다. 피자 포장도 많이 하는지, 종이 박스가 높게 쌓여 있다. 주방의 커다란 화덕을 보니 피자 맛에 대해서는 일단 마음이 놓인다.

동네 맛집 방문도 여행의 한 재미

역시 여기도 동양인은 우리 둘뿐. 유명 관광지가 아니면 동양인 만나기가 하늘의 별 따기다. 본의 아니게 외모가 튀는 사람이 되어 자리에 앉는다. 뭘 먹을까. 영어를 하는 직원이 와서 전담으로 우리를 맡아 메뉴를 내미는데, 무슨 전화번호부도 아니고 몇 페이지 가득 메뉴가 빼곡하다. 한글이었다고 해도 다 이해 못할 상황. 스페인 음식인 해산물 파에야와 피자를 시켰다. 그리고 와인. 맥주 두 잔 가격과 와인 한 병 가격이 비슷하니, 이탈리아에서는 무조건 와인이다. 파에야의 노란 밥 알이 설익었다고 쭌이 놀라서 말하길래 서양의 쌀 요리가 워낙 이렇다고 일러준다. 버펄로 치

스페인 음식 파에야는 스페인에서 먹자

즈가 올라간 피자는 아주 맛있다. 그러나 밥과 해산물을 먹고 싶은 마음에 시킨 스페인 음식, 파에야는 별로여서 아쉽다. 역시 그 나라 음식을 시켜야 한다는 교훈을 얻는다.

베르가모 신시가 치타 바사
Citta bassa

유럽에 와서 오랜만에 서양식 아침 식사

서양 사람들과 공동으로 쓰는 부엌이라 음식을 하기가 좀 눈치 보인다. 한국의 냄새(우리는 너무나 사랑하는 그 향기)를 풍길 것이므로. 그래서 이들처럼 작은 바게트에 체리쨈과 버터, 계란 프라이를 곁들여 먹었다. 좀 괴롭다. 늘 아침은 거나하게 한식을 차려 먹어 든든히 힘을 채우고 하루를 시작하던 우리에게 이건 고문에 가까운 상황. 그래도 어쩌나, 함께하는 숙소이니 조심하는 게 맞다.

알프스산맥을 벗어나니 7월의 당연한 더위가 온몸으로 쏟아진다. 햇볕이 어찌나 강한지, 한낮에는 거리에 사람들이 거의 보이지 않는다. 조금 걷다보니 이러다가 타 죽을 것만 같다. 계속 다니다가는 사망에 이를지 모른다는 두려움까지 밀려오는 초특급 땡볕이 빈틈없이 우리를 쫓아온다. 일단 역을 향해 걸어간다. 그런데 신기한 건, 그늘을 찾아 들어가면 그래도 살 만하단 사실. 습하고 더운 우리나라와 다르게 건조

한 여름은 이런 장점이 있다. 그늘만 찾아다니며 버스터미널 옆 관광 안내소로 들어간다. 관광 안내소는 대부분 그 도시의 기차역이나 버스터미널 근처를 둘러보면 거의 무조건 있다. 반가운 'i'.

베르가모 기차역 건너편 1층에 관광 안내소가 있다

베르가모 관광 안내소에서 각종 지도와 자료들을 챙긴다. 프로페셔널한 관광지 스위스 그린델발트의 안내소에 비하면 자료가 거의 없는 편에 가깝다. 그래도 우리에겐 유일한 구세주 같은 곳이니 이것저것 잘 챙겨서 옆의 맥도널드로 피신한다. 더위를 피해 시원한 콜라를 마시며 베르가모 벼락공부에 들어가는 우리.

베르가모 벼락치기 공부 중

베르가모, 전혀 정보가 없던 도시다. 이름조차 처음 들어본 곳을 자료와 인터넷을 찾아보며 조금씩 알아간다. 언덕 위에 성곽으로 둘러싸인, 15세기 베네치아 시대에 건설된 구시가지가 지금까지 그 모습을 그대로 유지해 이탈리아의 숨은 보석으로 불린다. 북부 이탈리아 사람들이 특히 아끼는 도시. 마카뇨에서 만난 지배인이 입에 침이 마르게 칭찬했던 곳. 머리로 알았으니 이제 몸으로 부딪혀보자. 구시가로 올라가는 푸니쿨라(트램의 일종) 정류장을 찾아간다. 이 도시도 유럽의 다른 도시처

푸니쿨라 정류장

럼 웬만하면 걸어갈 만한 거리에 모든 주요 포인트가 있다. 날씨가 이렇게 덥지만 않았더라도 날아다녔을 텐데.

구시가로 가는 길에 보이는 베르가모의 신시가지는 널찍한 대로변에 크지만 잔 기교 없이 단정한 건물들이 늘어서 있다. 더워서 그런지 거리에는 사람도 차도 구경하기 힘들어 가뜩이나 큰 도시가 더욱 텅 비어 보인다. 사람들이 어디 갔나 둘러보니 나무 그늘 아래 공원 벤치에서 볕을 피해 휴식을 취하고 있다. 15분쯤 걸어간 거리 카페에서 푸니쿨라의 티켓을 판매한다. 편도 1.30유로. 내려올 땐 어찌 될지 모르니 일단 편도만 끊었다. 코너를 돌아 오르니 정류장이 나타난다. 구시가까지 금방 올라가는 짧은 거리지만, 이것 또한 특별한 탈것이기에 꼭 경험해보는 것을 추천한

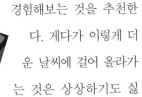

다. 게다가 이렇게 더운 날씨에 걸어 올라가는 것은 상상하기도 싫

시간을 거슬러 오르는 푸니쿨라

다. 빨간색 예쁜 푸니쿨라에는 몇 명의 젊은이들이 먼저 타고 있었다. 출발하자마자 신시가지의 붉은 지붕 가득한 풍경이 멀어지고 아직 모습을 드러내지 않은 구시가에 대한 기대는 더욱 커진다.

푸니쿨라에서 내려 첫걸음을 내딛자마자 갑자기 시간 여행이 시작된다. 중세가 그대로 살아있으면서 여느 관광지처럼 득달같이 덤비지 않는 분위기가 신기하다. 현대인인 나만 슬며시 중세 도시에 합류한 상황, 10분도 안 걸리는 탈것을 타고 몇백 년의 시간을 거슬러 왔구나. 다른 유명한 곳처럼 우르르 몰려다니는 관광객도 없다. 그저 이 중세를 오롯이 느끼면서 거닐고 바라보는 사람들. 누가 그러자고 한 것도 아닌데 우리도 그들처럼 행동한다. 걸음이 조심스럽고 말투가 나긋해진다.

베르가모 구시가 치타 알타
Citta alta

베르가모의 매력은 중세 그대로의 골목

베르가모의 신시가는 치타 바사(Città bassa), 구시가는 치타 알타(Città alta)라고 한다. 1428년에서 1797년까지 베네치아의 지배를 받았던 베르가모, 치타 알타에는 아직도 그때의 모습이 그대로 남아 있다. 그 중세의 건물들에서 지금도 소박한 가게들이 생기 있게 영업을 한다. 그리고 정말 신기하게도 치타 알타의 그늘은 신시가의 그것보다 훨씬 시원하다. 땡볕 바로 옆의 그림자에만 들어가도 갑자기 더운 느낌이 사라진다.

갑자기 광장을 만난다. 구시가의 중심, 베키아 광장. 골목의 시원함이 사라지고 내리쬐는 땡볕이 다시 나타나는 그 한복판에 오아시스처럼

분수대가 있다. 알프스 남쪽 기
슭의 베르가모는 배후의 산으
로부터 공급되는 풍부한 수력
으로 일찍이 공업이 발달한 도
시다. 그 말이 사실임을 증명하
듯 1780년에 만들어진 분수는
여전히 많은 물을 펑펑 뿜어내
고 있다. 사람들은 분수에서 목
을 축이고 모자를 적시어 쓰고,
몸에 물을 뿌려 더위를 식힌다.
몇백 년 동안, 특히 한여름에 더

베키아 광장의 분수에서 더위를 식힌다

욱더 제 몫을 하는 분수의 물은 쨍하게 차갑고 맛도 좋다. 그 자리에서 실컷 마시고 물통 한가득 채워 넣으니 더위가 저만치 달아난다. 골목마다 가득한 그늘과 쉼 없이 나오는 분수의 시원함까지, 거저 얻는 기쁨이 가득한 도시.

옛날 사진이 인쇄된 기념엽서를 보니 사람들의 복장만 달라졌지 도시의 외관은 지금과 거의 같다. 광장 끝 시청사 탑을 지나면 기품 있게 아름다운 교회 건물을 만난다. 산타마리아 마조레 대성당과 콜레오니 예배당, 그 둘이 나란히 붙어 있다. 오른쪽 건물이 건축가 아마데오가 1470~1476년 세운 콜레오니 예배당인데 겉의 조각 하나하나가 다 작

산타마리아 마조레 대성당(왼쪽)과 콜레오니 예배당(오른쪽)

품이다. 만든 사람의 이름이 일일이 표시가 되어 있을 정도. 하나씩만 놓고 따로 봐도 대단하다 싶은 조각들이 모여 롬바르디 르네상스 형식의 정수를 보여준다. 베르가모의 제후였던 바르톨로메오 콜레오니의 묘가 있는 실내에 들어가면 천장까지 가득한 조각들과 그림, 그리고 묘하게 영험한 기운에 입이 벌어진다. 예배당의 실내 사진 촬영은 절대 금지라 직원에게 걸리면 그 자리에서 사진을 지우게 한다. 왜 그렇게까지 하는지는 모르겠지만 사진으로 절대 담을 수 없는 꽉 찬 기운을 마음에 담아 나온다.

콜레오니 예배당의 조각은 모두 작품이다

그리고 바로 옆의 산타마리아 마조레 대성당. 동양스러운 사자(?) 상의 기둥, 분홍과 흰 대리석의 조화가 참 마음에 드는 건물이다. 벽면을 가득 채운 작

동서양이 섞인 듯한 모습

산타마리아 마조레 대성당의 사자상

은 조각들과 기둥은 섬세하지만 현대에도 어울릴 디자인으로, 시대를 넘나드는 감각에 감동한다. 어찌 보면 소박하지만 어디 내놔도 빠지지 않을 이 성당만의 외부 디자인. 그러나 들어가서는 완전 반전! 천장 끝까지 눈이 부신 화려함이 쏟아진다. 도무지 어디부터 시선을 줘야 할지 모르게 온통 빈 틈없이 메워진 작품들. 밖에서 소박하니 어쩌니 했던 말이 무색해진다. 구경하는 사람들도 대충 보고 지나가는 것이 아니라 자리에 앉아 한참을 바라보는 이른바 '제대로 교회 안

입구와는 다르게 화려함이 쏟아진다

교회 안에 머물기

에 머물기'를 하고 있다. 우리도 어느새 그렇게 하고 있고. 이게 바로 숨은 보석 베르가모의 힘. 게다가 시원하다 못해 서늘한 성당 덕분에 공짜 피서까지 즐기고 있다. 한참을 앉아 충분히 보고 느끼고 나서 성당을 나왔다. 그럴 수 있어서 좋았고 그래야 할 것 같은 분위기가 고마웠다.

베르가모 두오모 성당

각기 다른 매력을 발산한 두 성당 옆에 또 하나의 백색 건물, 두오모 성당이 있다. 여긴 또 다른, 좀 더 여유로운 기운이 느껴지는 곳. 실내에 울려 퍼지는 성가가 다른 두 성당을 보고 나와 한껏 경건해진 마음을 다시 일깨운다. 높은 천장의 돔, 그리고 그 옆의 하얀 창문 사이로 밝게 들어오는 빛줄기가 마음을 어루만져준다. 산타마리아 마조레 성당이 터져나갈 듯한 화려함이라면 여긴 너른 공간에 여백을

CHR
RECEM
VENIT

S. P

소박하고 편안한 두오모 성당

중세 도시와 어울리는 작은 가게

충분히 살려 놓은 편안함이 특징이다.

다시 거리로 나왔다. 전혀 다른 세 성당을 마주하고 나왔더니 좀처럼 그 여운이 가시지 않는다. 높은 돌 건물 사이의 좁은 골목들은 그늘로 꽉 차 있어 더위를 잊게 한다. 시간만 거슬러 온 게 아니라, 계절도 거스른 베르가모의 치타 알타. 알프스에 오르지 않아도 시원함이 가득한 곳이 있다는 게 신기할 따름이다. 특히나 좋았던 오랜 골목 그 사이사이 예쁘고 작은 가게들, 그것만 구경하고 다녀도 지루할 틈이 없다.

둘러보며 어찌나 몰입을 했던지 배가 너무 고프다. 어디를 가서 뭘 먹을지 여기저기 둘러보다가 원색 화려하고 통통한 피자들이 침을 고이게 만드는 피자집으로 들어간다. 각종 피자들이 진열되어 있어 내가 먹고 싶은 것을 고를 수 있다. 글씨와 이름을 잘 몰라 메뉴 고르기에 실패하는 우리 같은 사람들에게는 적격이다. 토핑이 제일 풍성하게 올려 있는 것으로 시켰다. 새우, 올리브, 모차렐라, 토마토 등이 어우러져 있어 맛없기가 더 힘들어 보인다. 무게를 달아 가

격을 매기고, 계산을 하는 동
안 오븐에 넣어 먹기 좋게 데워
준다. 달달한 빵도 따로 싸줬는
데 서비스인 듯. 2층으로 올라
가니 중세 건물의 실내를 깨끗
하고 심플한 현대식 인테리어로
채워 넣어 신구의 조화가 자연
스럽다. 시원한 화이트 와인을
시킨다. 고를 것도 없이 단일 품
종, 샤르도네가 한 병에 14유로.

중세 건물 안에는 현재가 흐른다

역시 싸다. 이거 한 병을 시켰다고 피자빵과 치아바타를 서비스로 잔뜩
줬다. 인심이 후하니 이 도시가 더 좋아진다.

천천히 먹고 쉬고 밖으로 나와보니 베키아 광장에서 음악회 준비가
한창이다. 리허설 중에 온몸으로 노래하는 소프라노 할머니가 인상적

역시 도니체티의 도시, 리허설만으로 귀 호강

돌아가는 길 드뷔시의 달빛이 떠오른다

이어서 잠시 감상했다. 도니체티(로시니, 벨리니와 함께 벨칸토 오페라 최고의 작곡가)의 도시답게 4중창 성악가들의 연주에 힘이 넘친다. 본 공연은 날이 지고 나서 시작한다니 아쉽다. 15세기 골목들을 지나 다시 현재로 돌아갈 시간.

"아, 베르가모 너무 좋다. 정말 잘 왔다"를 연신 내뱉으며 흐뭇하게 귀가한다.

구글과 현지인의 말 그리고 우리의 감각을 믿고 즉석에서 경로를 개척해 한 땀 한 땀 루트를 만들어가는 여행 스타일이 참 즐겁다는 걸 점점 더 깨닫는다.

'베르가모, 고맙다. 네 덕분이야.'

드뷔시 달빛
_조성진

P.S. 이 도시에 오면 드뷔시의 '달빛'을 들어보자(피아니스트 조성진의 연주를 추천합니다). 드뷔시가 베르가모에서 머물던 시절의 느낌을 작곡한 곡으로 일상에 다시 돌아와서 이 음률을 들으면, 바로 여기 달빛 아래로 소환되는 기적을 누릴 수 있다.

Czech

Austria

Switzerland

Italy

CAMPING TOBLACHER SEE

TOBLACHER SEE 3, 39034 DOBBIACO BZ, ITALY
+39(0) 0474 973138(8:00 ~ 18:00)
WWW.TOBLACHERSEE.COM

Campsite Checklist

- ☑ Parking
- ☑ Shower
- ☑ WiFi
- ☑ Cafeteria
- ☑ Electricity
- ☑ Mart
- ☑ Sink
- ☑ Pet
- ☑ Restroom
- ☒ Campfire

#9 이탈리아
돌로미티

돌로미티 아래 베이스 캠프로
캠핑 토블라케르 제
프라그세르 호수
돌로미티에 첫 발을
첫 번째 산장 아우론조
트레치메 디 라바레도, 돌로미티의 심장이여
로카텔리 산장
돌로미티 산중을 헤매다
센지아 산장
돌로미티 봉우리, 구름의 춤
돌로미티와 작별. 꼭 또 올게. 더 머물게.

Italy
Dolomites

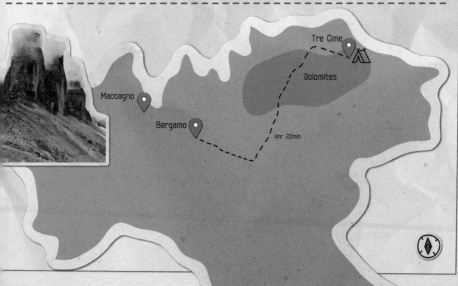

Tre Cime

Dolomites

Maccagno

Bergamo

4hr 20min

돌로미티 아래 베이스 캠프로

기대했던 것보다 훨씬 좋았던 베르가모를 떠나는 날.

쭉 뻗은 고속도로. 이대로라면 얼마든지 운전해도 거뜬하겠다. 북쪽으로 갈수록 처음 보는 느낌의 산맥이 시야에 들어온다. 같은 알프스의 자락인데, 설산에 초록이요 밝은 달력 사진 같던 스위스 알프스와는 전혀 다른 그림이다.

돌로미티를 향하여

일요일 오후라 그런지 회색빛 웅장한 돌로미티 산중에서 차들이 줄지어 나온다. 주말에 이곳을 찾아 시간을 보내고 다시 일상으로 돌아가는 길이겠지. 우리는 그들의 흐름을 거슬러 산으로 들어간다. 이윽고 아름다운 호숫가의 캠핑장이 나타난다.

캠핑장 입구에 위치한 레스토랑

스위스의 알프스와는 느낌이 사뭇 다르다

　　리셉션 건물에 갔더니 텐트 칠 곳을 정하고 와서 체크인을 하란다. 둘러보니 거의 모든 자리가 만석. 캠핑카가 역시 많고 텐트족도 꽤 되는데 심사숙고해서 한 군데를 정했다. 늘 그렇듯 도착 기념으로 리셉션 앞에서 시원한 맥주 한 병씩 마시면서 와이파이를 벗 삼아 집에 영상 전화도 하고 호수도 바라보며 잠시 쉰다.

한 달간의 여행 중에 만난 가장 규모가 큰 캠핑장

텐트를 치고 식사 준비를 시작하는 중에 갑자기 비가 쏟아진다. 급하게 타프를 세우고, 물이 빠져나가도록 임시 수로를 낸 뒤 다시 저녁 준비. 흰쌀밥에 소시지 야채볶음과 배추 겉절이까지 오늘의 저녁상도 완벽하다.

자유로운 영혼과의 조우

밥을 먹고 앉아 있는데 옆 텐트에서 말을 걸어온다. 네덜란드 출신의 남자와 독일 출신의 여자. 두 분은 연인 사이이고 지금은 베를린에서 같이 산다고 했다. 이렇게 주변 사람들에게 자연스럽게 말을 붙이면서 친해지는 스타일. 새로운 자연환경도, 문화도, 처음 보는 사람들도 모두 여행의 요소로 거리낌 없이 대하는 그들을 보면서 여행 체질이라는 생각이 들었다. 부럽기도 하지만 우린 그렇게는 잘 안 되던데. 국내 여행에서는 꽤나 가능하지만 외국에 나오니 아무래도 언어가 장애가 된다. 60세 정도 되어가는 나이가 믿기지 않을 정도로 열정이 느껴지는 그는 아직 미혼이란다. 물리학 교수였다가 지금은 그래픽 디자인을 가르치고 있고(이렇게도 직업 점프가 가능한가?). 일본에서 2년간 살 때 비자 때문에 잠시 우리나라에 들어와 한 달 동안 여행하면서 제주도까지 가봤다는데 아시아의 다른 나라도 안 가본 곳이 거의 없다고 한다.

서로 사는 얘기도 하고, 여행 정보도 얻고, 유럽 각 나라 사람들의 성향에 대한 그의 생각을 듣기도 했다. 짧았지만 유익하고 재밌는 시간. 그런데 갑자기 우리 뒤 텐트의 청년과 마리화나를 피우러 간다고 돌아갔다. 역시 자유로운 영혼.

밤중에 엄청나게 비가 쏟아졌다. 천둥 번개를 동반한 비는 텐트를 뚫을 기세였다. 일어나서 크고 깊은 수로를 내는 대공사를 하신 쭌. 고맙습니다. 수고가 많아요. 어차피 잠이 깬 우리. 그때부터 수다 삼매경이다. 빗소리가 점점 더 두터워지니 우리는

난데없는 폭우에 대공사 중

맘 편히 웃고 떠든다. 그동안 캠핑장에서 숨죽이느라 애썼는데 그 회포를 다 풀었다. 하루 종일 둘이서 그렇게 많은 얘기를 하고 다니면서도 무슨 할 말이 그리 많은지 수다가 끊이지 않는다.

참 잘 맞는 친구.

캠핑 토블라케르 제
CAMPING TOBLACHER SEE

돌로미티를 오르기 전 심신의 재정비를 위해 정한 베이스캠프, 캠핑 토블라케르 제. 제(see)는 호수라는 뜻이다. 캠핑장 바로 앞의 호수가 그림 그 자체. 알프스의 빙하가 흘러내려 이룬 옥빛 물결은 직접 봐야 더 감동이다.

근육질 산맥 아래 고요한 호수가 대비된다.

산장을 닮은 통나무 건물이 리셉션. 간단한 음식과 음료를 파는 매점도 있고 와이파이도 된다. 이곳은 돌로미티를 찾는 캠핑족들의 성지다. 유럽 전 지역에서 돌로미티에 가려고 온 사람들로 인산인해를 이루지만 역시나 동양인은 우리 둘뿐. 이

산장을 닮은 리셉션

런 상황에서 느끼는 외로움도 이제는 많이 적응되었다. 방갈로도 있고 캠핑 사이트도 있는데 가격도 적당한 편이다.

유럽 캠핑장은 밤이 되면 정말 쥐 죽은 듯 조용하다. 캠핑장에서 공지하는 주의 사항 제일 첫 줄에 '조용히 할 것!'이 명시되어 있고 밤이 되면 전원 취침 모드. 누구나 그걸 따르는 게 편하고 당연하다.

화장실과 샤워실이 있는 건물에 들어가거나 주차장을 이용할 때는 카드키가 필요하다. 깨끗한 화장실, 샤워실 건물은 칸칸으로 나뉘어 있어 매우 프라이빗한데 문이 자동으로 잠기므로 언제나 키를 몸에 지니고 다니는 게 좋다.

서양의 각종 언어가 들리는 캠핑장. 이 많은 사람들이 돌로미티를 향해 간다는 하나의 목적으로 모여 있으니 나름의 동질감을 느낀다.

프라그세르 호수
Pragser Wildsee

원래는 돌로미티 등반 전날이라 하루 종일 뒹굴며 쉴 생각이었는데 마카뇨에서 만난 매니저(우리 여정에 큰 영향을 끼친 사람이 되었다. 역시 여행에서의 인연은 나비효과를 유발한다)가 아름답다고 칭찬했던 프라그세르 호수를 둘러보고 오기로 했다. 나갈 채비를 하고 주차장을 빠져나가려는데, 주차장 문이 안 열린다. 뭐지? 알고 보니 이 캠핑장은 오후 1~3시, 저녁 10시~아침 7시까지는 차의 출입을 막는 것. 밤에 그러는 건 이해가 가는데 낮에는 왜 막는 건지.

다시 자리로 돌아와서 쭌은 텐트를 손보기 시작한다. 어젯밤 즐거웠던 우리가 무색하게 밤새 내린 비로 텐트 안이 엉망이다. 물이 새어 들어와 바닥이 온통 젖었다. 잠깐 얼굴을 드러낸 햇빛에 얼른 텐트와 매트, 타프 등을 말리기 시작한다. 잠시였지만 금방 뽀송해졌다. 주차장이 차단된 덕분에 오히려 오늘 쾌적한 텐트에서 잘 수 있게 된 것이다.

3시가 되어 통금(?)이 풀리자마자 차를 몰고 나간다. 어차피 해는 밤 9시가 되어야 지기 시작하니 시간에 대한 부담은 적다. 그러나 슈퍼마켓은 저녁 전에 닫으므로 장부터 먼저 봐야 한다. 이런 산동네(?)에 제대로 된 가게가 있을까 염려했던 것은 내가 유럽을 몰랐던 탓. 어디든 늘

번듯하게 커다란 마트가 있다.

1층부터 지하까지 없는 게 없는 마트. 거의 만물상 수준이다. 여기도 블랙홀, 한 번 빠지면 쉽게 못 나온다는 것을 감지하고 자제하면서 나아간다. 쭌이 그렇게 먹고 싶어하던 수박이 엄청 싸고, 루꼴라 한 봉지도 1유로가 안 된다. 흐뭇하게 장을 본 뒤 호수로 고고.

호수 근처에 주차를 하고 걸어가는데 또 비가 내리기 시작한다. 양희은 선생님께서 하사하신 파란 우비를 개시! 큼직하니 모든 빗줄기를 막아주어 기특하다. 돌로미티의 자연 호수 중에 가장 아름답다는 프라그세르지만 날이 이렇게 흐리니 제대로 된 모습을 못 볼까 걱정이 된다. 이 호수는 돌로미티의 등반 코스인 알타비아1의 출발지이기도 하다.

우려한 대로 풍경이 흐리다. 호숫가의 하얀 모래사장, 작은 교회와 건물들이 커다란 회색 돌로미티 산맥으로

날씨 좋은 날의 프라그세르 호수. 이런 그림을 기대했다 ⓒfreepik.com

둘러싸여 있으니 아무도 모르는 비밀의 장소 같다. 약간의 해가 비친 곳에 살짝 드러난 푸른 물빛을 보니 날이 좋았다면 정말 예뻤겠다 싶어 더욱 아쉽다.

다시 캠핑장으로 돌아와서 보니 여기 호수가 더 멋진 것 같다. 빙하호의 전형적인 무채색 파스텔의 푸름이 빛을 받아 반짝이고 저 멀리 예쁜 건물과 주변 산까지 너무 잘 어울려 식상하지만 또 '그림 같다'는 표

등잔 밑이 어두웠다. 우리 호수가 최고

현만 생각이 난다. 역시 사람은 가까이 있는 것의 귀함을 놓치는 경우
가 많구나.

저녁은 감자를 곱게 채 썰어 그 위
에 소시지, 치즈 등을 얹어 만든 쭌표
유로피안 감자전이 메인 요리. 어제부
터 지켜본 옆 텐트의 러시아 아저씨가
여전히 혼자 음식도 없이 맥주만 연신
들이키길래 한 장 부쳐서 가져다 드렸
는데 가서 말을 걸자마자 거절. "노 땡
큐!"

상처받았다. 캠핑장이라고 모두 사교적인 건 아니었어. 흑.

어쨌든 느슨하게 하루가 갔다. 내일은 드디어 돌로미티 속으로 들어가는 날. 기대가 크도다.

다음 날 아침. 걱정했는데 다행히 날씨가 화창하다. 체크아웃, 이틀에 90유로(약 12만 원).

뭐 그렇게 서운한 가격은 아니다. 전기는 못 썼지만(이용자가 너무 많아서) 뜨거운 물 잘 나오는 깨끗한 샤워장과 화장실, 개수대 등의 시설은 아주 좋았다. 경사진 텐트 사이트 때문에 잠자리가 좀 불편했고 화장실 건물도 너무 멀어서 다녀오는 게 좀 귀찮았다는 단점도 있다. 그래도 다음에 돌로미티를 또 찾는다면 다시 방문할 듯.

자, 드디어 한 달짜리 신혼여행의 동기, 어찌 보면 결혼을 하게 된 이유까지 된 이탈리아의 알프스, 돌로미티에 간다!

돌로미티에 첫 발을

사진으로 돌로미티를 처음 대했을 때 알프스의 자락임에도 처음 보는 형상, 지구가 아닌 것 같은 느낌에 심장이 뛰었던 기억이 생생하다. 그리고 6월 17일 정말 거짓말처럼 식을 올리고 신혼여행을 떠나왔다.

여행 이후 처음으로 이른 시간에 일어났다. 워낙 해가 늦게 지니까 굳이 아침부터 서두르지 않게 되는 유럽의 여름이지만 산에 오르려면 얘기가 다르다. 게다가 산 위의 주차장은 일찍 가지 않으면 자리가 없다. 더욱 마음이 급해졌다. 일어나서 씻고 아침 차려 먹고 치우고, 텐트 걷고 정리하면 시간이 순식간에 지나간다.

다른 알프스 고산에서도 그러했듯이 심하게 구불구불한 산길을 운전해서 입구에 도착했다. 사람이 많이 몰리는 시간에는 입구를 통과하는 데만 한 시간 이상을 기다리는 경우도 있다는데 다행히 우리 앞에 몇 대

성수기에는 이용 차량이 많으니 서두르자

없다. 톨게이트 지나듯이 25유로를 관리인에게 내고 통과한다. 승용차는 25유로, 오토바이는 15유로, 트레일러는 40유로, 버스도 인원수에 따라 25유로부터 105유로까지 주차비 명목으로 돈을 내야 한다.

이제부터 2,000m가 넘는 고도까지 산을 뱅뱅 돌아 한참을 거북이처럼 올라가야 한다. 소형차인 '홍이'는 힘들다고 곡을 하기 시작하고 기름도 금방 뚝뚝 떨어진다. 한계에 도달할 그때 딱 도착.

감탄은 이미 시작되었다

우와! 여기까지만 올라왔다 내려가도 충분히 만족할 만한 엄청난 뷰
가 눈앞에 펼쳐진다. 게다가 주차장에 자리가 없기 쉽다는 얘기를 듣고
걱정을 하며 올라왔는데 아침에 도착해서 그런지 자리가 있다. 여러모
로 기분이 좋아지는 스타트.

한 가지 불안한 건 산장에서 밤을 보내기로 한 계획이 위태로운 것.

원하는 산장에 아무리 문자를 보내고 메일을 써도 가타부타 답이 없다. 설마 산속 아무 데서나 비박을 해야 하는 상황이 오는 건 아니겠지. 예약이 안 되었는데 무작정 올라가는 것은 정말 위험한 발상이지만 비박의 달인이신 쭌님께서 든든하게 장비를 백팩에 짊어 매고 자기만 믿으란다. 돌로미티 전 지역은 캠핑이 불법이지만 산장에 연락이 안 되니 혹시 모를 상황을 위해 준비했다. 제발 쓸 일이 없길 기도해본다. 가벼운 차림으로 올라가는 사람들이 대부분이라 큰 배낭을 멘 쭌이 혼자 튄다.

시작 지점이 이미 약 2,200m. 우리나라에서 가장 높은 한라산 정상보다 더 높이 올라와 있다. 고도가 높으니 나무도 없다. 한라산도 정상 가까이 올라가면 나무 군락이 줄어들고 초원이 펼쳐지는 것처럼 여기도 초록이라고는 깔려 있는 풀 카펫, 그 위에 알록달록한 야생화들뿐. 곧 그늘이 전혀 없는 길을 등반해야 한다는 소리기도 하니, 마치 가부키 화장처럼 선크림을 하얗게 듬뿍 발라본다.

첫 번째 산장 아우론조
Rifugio Auronzo(2,233m)

아우론조 산장 앞에 올라서기만 해도 주변 경관이 정말 끝내준다. 구름 띠를 두른 하얀 돌산으로 둘러싸인 건물은 돌로미티를 첫 대면하는 감동의 순간을 맞기에 너무나 적절한 위치다. 여기 주변만 감상해도 시간 가는 줄 모르겠다. 산에 더 오르지 말고 그냥 산장에서 먹고, 자고 즐기다 내려가도 되겠다는 생각이 절로 드는데 실제로 이곳 레스토랑, 이용객과 투숙객이 넘쳐난다. 그래도 더 올라야지. 유혹에 넘어가지 말자. 그리고 산장에 무료 화장실이 있으니 꼭 이용할 것. 유럽에서는 숙소 밖을 나가는 순간부터 화장실을 이용하려면 돈을 내야 하는 곳이 대부분. 그래서 무료 화장실을 발견하면 가고 싶지 않은 상태(?)여도 지나칠 수 없다.

7월 한여름이라 민소매를 입었는데 10분 만에 얇은 점퍼를 껴입었다. 워낙 고도가 높으니 아무리 여

아우론조 산장 입구

름 한복판이라도 쌀쌀하다. 그래서 돌로미티는 한여름에만 산행을 권한다(7월 중순부터 9월까지). 심지어 여름에도 이렇게 추우니 겨울은 오죽할까.

아우론조 산장을 뒤로하고 오르기 시작한다. 사실 오른다는 말이 무색하게 완만한 트래킹 코스. 돌로미티에서 가장 유명한 경관인 '트레 치메'의 옆선을 볼 수 있는 라바레도Lavaredo 산장까지 이런 편안한 길을 따라 한 시간도 안 걸린다. 그러다 보니 그곳까지는 아이들도, 노인들도 각자의 속도에 맞추어 힘든 기색 없이 가볍게 산책하듯 도착한다.

웬만한 산행이나 트래킹 장소에서 만난 서양인들은 대부분 자유로

출발~!

운 복장이다. 등산화만 갖춰 신었지, 아웃도어 복장을 한 경우를 거의 못 봤고 그냥 자기 입던 옷을 입고 온다. 다양한 연령대의 사람들이 자연스럽고 편안하게 돌로미티를 즐기고 있다.

특히 구름이 자욱했던 날씨 덕에 더욱 태초의 느낌이 가득하다. 오를수록 급격히 추워져서 패딩까지 꺼내어 입게 되는, 밑의 세상과는 전혀 다른 계절이 신기하다. 발밑으로는 평평하고 예쁜 길이지만 고개를 들면 비현실적인 거대한 장관을 번갈아 바라보느라 더디게 앞으로 나아간다.

지구인가 외계인가

돌로미티 산군은 우리가 익히 잘 아는 '알프스'의 동쪽 끝자락, 이탈리아 북부 산악지대를 말한다. 보통 알프스 하면 달력 그림 같은 풍경을 떠올리지만 여기는 '신의 조각품'이라고 말하는 전혀 다른 모습, 수직의 바위와 초원이 어우러져 어디에서도 볼 수 없는 그림이다. 너무나 비현실적이어서, 아름답다는 말이 안 어울릴 정도인데 거기에 지질학적 가치까지 더해져 2009년 세계자연유산으로 선정되었다. 돌로미티란 말은 1788년 프랑스 지리학자 디외도네 돌로미외(Dieudonne Dolomieu, 1750~1801)가 이 지역의 지질을 조사하며 돌로미티의 독특한 장관을 이루는 백운석회암에 자신의 이름을 따 '돌로마이트'라 명명한 데서 시작되었다.

돌로미티 지역은 원래 오스트리아 티롤의 영토였지만 제1차 세계대전에서 패전하면서 1919년 생제르맹 조약에 의해 이탈리아로 넘어왔다. 그래서 이 지역에서는 이탈리아어와 독일어를 동시에 표기하고 사용한다. 남한의 면적보다도 더 큰 알프스의 자락을 얻게 된 이탈리아는 남쪽의 따뜻한 지중해부터 북쪽 알프스 산악지대까지 완벽한 자연을 모두 품은 나라가 되었다. 오스트리아는 얼마나 배가 아플까(그러게 왜 전쟁을 벌였니!).

어느 정도 걷다보면 작은 교회가 나타난다. 유독 이 근처에 사람들이 모여서 하나같이 휴대폰을 보고 있는데 여기서만 폰의 신호가 잡히기 때문. 이곳을 지나면 모두의 전화기는 그저 카메라 기능만 수행하게 된다. 세상과 진정한 단절을 맞는 순간.

트레치메의 뒷모습이 점점 가까워 온다. 정말 신의 조각 같은 세 개의 봉우리. 그 아래 라바레도 산장(Rifugio Lavaredo, 2,344m)이 보인다. 아우론조

이 교회를 지나면 휴대폰은 먹통이 된다

라바레도 산장

산장에서 여기까지 걸어서 30~40분 정도. 햇살 아래 산장 야외 테이블에서 쉬어가는 사람도 많다. 우리도 맥주 한잔하면서 이 비경을 즐기고 싶지만 일단 트레치메의 앞모습을 볼 수 있는 로카텔리 산장까지 가서 쉬기로 했다. 우리의 예약 문의 문자와 메일에 답이 없던 그곳이다. 정말 방이 없으면 어떻게 하지. 잊고 있던 걱정이 밀려온다.

라바레도 산장을 지나면 처음으로 가파른 길이 나오고 끝까지 오르면 점점 트레치메의 얼굴이 드러나기 시작한다. 비록 아직은 옆모습이지만.

트레치메 디 라바레도, 돌로미티의 심장이여

Tre Cime di Lavaredo

라바레도 산장을 지나 잠시 나오는 가파른 오르막은 트레치메의 뒷모습에서 옆을 지나 정면을 향해 가는 길(누가 정한 건가, 앞뒤의 구분). 이렇게 거대한 자연에 깊숙이 들어오면 높이와 크기에 대한 객관적 판단이 흐려지는데 지나는 사람이나 산장 건물의 크기 등을 기준 삼아 가늠하면 된다. 트레치메 옆에 붙어 걸어가는 사람들이 딱 개미만 한 크기로 보이는 걸 보면 저 세 개의 봉우리가 얼마나 크고 높은지 알 수 있다.

오르는 내내 눈을 뗄 수 없는 거대한 뒷모습은 영화 〈인디아나 존스〉를 떠오르게 한다. 사막 한가운데 갑자기 나타나는 몇천 년 된 유적지 같은 포스의 트레치메는 세 개의 봉우리를 뜻한다.

가장 작은 봉우리인 치마 피콜로(2,856m), 가장 큰 '크다'는 뜻의 치마 그란데(3,003m), 그리고 '동쪽'을 뜻하는 치마 오베스트(2,972m)까지 이렇게 세 개로 이루어진 장엄한 군상은 돌로미티의 상징이자 심장으로 표현이 되는 최고의 경치다.

트레치메의 얼굴이 45도 정도 보이는 순간, 넓고 평평한 공간이 나타나는데 여기가 첫 뷰포인트. 사진도 찍고 준비해온 도시락도 먹으며 트레치메와 돌로미티를 구경하는 사람들. 우리도 도시락으로 준비한 계

란 소시지 버거를 먹으면서 감상을 시작한다.

아무리 봐도 지구의 모습이 아닌 딴 외계의 형상. 많은 사람들이 넋이 나간 듯 이 풍경 속에 빠져 있다. 봉긋 솟아 있는 삼총사, 트레치메. 그 위로 층층의 구름이 가리고 걷히기를 반복하며 감질나게 보여주고 있다. 거대한 신전의 기둥 같기도 하고 웅장한 불상처럼 보이기도 하는 형상에 압도된다. 우리는 이제 트레치메의 정면을 보러 로카텔리 산장을 향해 출발하고 대부분의 사람들은 여기서 하산하기 시작한다.

고도가 2,000m 이상인 돌로미티, 나무나 숲이 없어 시야의 방해가 없다. 사방으로 뻗은 다양한 코스가 한눈에 들어오는데 평평하고 넓은 길도 있고, 그 위 돌무더기 비탈을 따라가는 코스도 가늘게 드러난다. 남들 다 가는 루트를 싫어하는 쭌 같은 사람과 함께하다 보면 넓은 길은 밟아보기가 힘들다. 앞뒤 일렬로 서서 가야 하는 작은 샛길로 걷기 시작하는 우리. 이런 길로만 다니면 원래의 루트를 잃어버리거나 헷갈릴 수도 있다는 것을 내일 깨닫게 된다.

마치 채석장처럼 누군가 인위적으로 만든 듯한 '모가 난 하얀 돌'들이 지천을 이루는데 자세히 보

로카텔리 산장으로 가는 길에 바라본 트레치메 전경

면 큰 바위들에도 금이 많이 나 있다. 앞서 말한 프랑스 지리학자 '디외

도네 돌로미외'의 말이 실감날 정도로 정말 온통 백운석회암이다. 워낙

잘 쪼개지는 바위의 성질 때문에 저렇게 커다란 덩어리에서 끊임없이 부

서져 돌멩이가 되고 하얀 가루가 되어 우리의 발에 계속 차이는 것. 이

러다가 영영 이 봉우리들이 다 사라지는 것은 아닐까 걱정이 될 지경이

다. 이 돌들은 손으로 만지면 분필처럼 가루가 묻어난다. 산을 걷는 내
내 보고, 만지고, 밟게 되는 백운석회암과의 특별한 만남도 돌로미티의
매력.

　저 멀리 빨간 지붕의 로카텔리 산장이 보인다. 산장을 향해 걷는 길
에 (밑의 메인 도로로 갔다면 마주치지 않았을) 동굴을 만났다. 사람이 만든 동

동굴에서 바라본 트레치메

굴이라는 것이 느껴지는 반듯한 공간. 제1차 세계대전의 흔적이다. 우리는 경이로운 아름다움을 느끼기 위해 찾은 이곳이 누군가에게는 전쟁의 공간이었다니. 그 사람들에게 여긴 얼마나 험하고 두려운 곳이었을까. 내가 이토록 감동을 받은 트레치메의 모습이 그들에게는 어떤 의미였을지 생각하니 갑자기 들떴던 마음이 가라앉는다.

자, 그래도 정신 차리고 다시 길을 갑시다.
세 번째로 만나는 산장, 로카텔리가 저 앞에 보인다.

트레치메 뷰맛집 로카텔리 산장

로카텔리 산장
Rifugio Locatelli(2,450m)

로카텔리 산장에 들어가기 전에 외벽에 붙어 있는 세계대전 당시의 사진과 자료를 본다. 전쟁을 위해 만든 동굴을 지나왔더니 더 마음에 와닿는다.

이제까지 만난 세 군데의 산장 중에 사람이 가장 많다. 일단 예약 확인부터 하자. 리셉션을 겸한 레스토랑 카운터에 가서 진지한 표정으로 말을 건넨다. 메일도 보냈고 문자도 보냈는데 왜 답신이 없었냐고 물었더니 한심하단 표정으로 쳐다보며, 벌써 몇 달 전에 올해 예약이 다 끝났다는 단호한 대답만 돌아왔다. 돌로미티의 산장들은 미리 예약을 해야 하는데 그중에서도 이곳은 특히나 예약이 어렵다는 사실을 직접 와서야 알게 됐다.

이 산장이 왜 그렇게 인기가 좋은지는 도착하자마자 바로 알게 된다. 주차장이 있는 아우론조 산장에서 별 수고 없이 오를 수 있는 거리임에도, 인기 스타인 트레치메의 정면 얼굴을 마주할 수 있는 최고의 포인트

트레치메의 정면을 볼 수 있는 최적의 포인트

기 때문. 야외 테이블에서 저 멋진 봉우리의 시시각각 변하는 모습을 마음껏 바라볼 수 있다면 그것도 충분히 평생에 남을 추억이 되겠다.

우리도 테이블에 앉아 트레치메를 좀 더 관람(?)한다. 그러나 머리가 너무 복잡하고 앞으로 어떻게 해야 할지 모르겠다. 산중으로 더 들어간다면 잘 곳은 있을까, 있더라도 예약을 안 했는데 침대 자리가 있을까 등등 여러 고민들이 꼬리를 문다.

뭐 어쩌겠어. 일단 가보자. 이렇게 우리의 모험이 본격적으로 시작된다.

돌로미티 산중을 헤매다

　로카텔리 산장의 달콤한 휴식을 뒤로하고 다리를 재촉해 산을 오른다. 곳곳에 안내판이 잘 되어 있어 안심이 되다가도 막상 필요할 때는 또 보이지가 않아 불안하다. 길마다 번호가 쓰여 있는데 우리는 101번 길을 따라 센지아 산장으로 갈 예정. 로카텔리 산장의 많은 사람들을 뒤로하고 외롭게 길을 걷기 시작하자마자 갑자기 다른 행성 같은 풍경이 펼쳐진다. 오아시스처럼 생긴 호수와 그것을 둘러싼 돌로미티의 암봉들, 그리고 바닥에 깔린 작고 다양한 꽃무리까지 어디서도 본 적이

101번을 따라 가자

우리 결혼의 계기가 되었던 사진 속의 그 포인트

없는 경관이다. 오아시스라고 얘기했지만, 호숫가의 오두막이 콩알만 해 보이는 걸로 보아 결코 작지 않은 호수다. 둘러싼 봉우리들의 정확한 크기도 가늠하기 어렵다. 나는 누구, 여긴 어디?

그나저나 101번 길을 그대로 따라가면 산장이 나와야 하는데 왜 건물이 보이지 않는 걸까. 걸어 들어갈수록 걱정이 쌓이지만 어쩔 수 없다. 자갈밭을 걸어가듯 온통 가득한 백운석회암 돌멩이들을 자박자박 밟으며 전진. 나무 한 포기 없는 돌산이라 굴러떨어지면 그대로 떼굴떼굴 산 아래까지 갈 것 같아 더욱더 조심조심 오른다.

갑자기 비가 내리기 시작한다. 고산의 날씨는 도대체 가늠할 수가 없구나. 서둘러 우의를 꺼내 입고 배낭에 레인커버를 씌워준다. 이제 사람이라곤 한 명도 없다. 로카텔리 산장에서 여기까지 오르면서 하산하는 사람 몇 명을 마주친 게 전부. 그래서 이 자연을 오롯이 즐길 수도 있지만, 그만큼 불안하기도 하다.

경사가 심한 자갈길 앞에서 이 길이 맞는지 심히 의심을 했지만 딱히 다른 길도 없으니 선택의 여지가 없다. 계속되는 오르막길에 변덕스러운 날씨, 어두워지는 하늘에 불안한 마음이 커지는 나에 비해 쭌은 너

거대함 속으로 걸어 들어간다(안수지를 찾아라)

무나도 태평하다. 대단하다 정말. 나중에 들어보니 뭐가 문제냐고 하더라. 침낭에 먹을거리까지 다 챙겼고 중간에 동굴도 많은데 그냥 아무데서나 자면 되는 거 아니냐고. 자기가 있는데 왜 그렇게 불안해했냐고 오히려 내게 반문했다.

그래, 그건 그런데

또 그렇지가 않단 말이지, 나는.

세계대전에 쓰였다는 그 동굴, 거기서 자자고? 진정한 노숙을? 응?

오르다가 점점 한계를 느낀다. 나온다는 산장은 왜 안 나오고, 사람은 왜 하나도 없으며, 비는 왜 계속 내리는 거냐고. 왜 그러는 거냐고. 왜 왜 왜. 얼른 다시 돌이켜 하산해야 하는 게 아닐까. 외계 행성 같은 돌산에 사람 하나 없이 우리 둘만 덩그러니 남아 있으니 점점 멘탈이 흔들린다. 영화 〈에일리언 커버넌트〉가 생각나는 주변의 모습.

이때 다시 나타난 안내판. 영어가 아니라서 한참을 뚫어지게 바라본다. 센지아 산장이라고 쓰여 있다! 어차피 앞으로 나아갈 수밖에 없다. 날이 점점 더 어두워지니 다시 돌아간다는 선택과는 아예 멀어진다. 아무도 없는 황량한 산길을 기운 없이 걷고 있는데 갑자기 나타난 벤치, 그리고 그 위 십자가에 달린 투박한 나뭇조각 예수님. 그 어느 유명 성당의 대단하게 번쩍이는 것보다 강한 위로로 스며들었다. 그리고 다시 힘을 내어 앞으로 나아간다.

바람도 점점 거세지고 체감 온도가 뚝뚝 떨어진다. 지금이 7월 중의 한창 더운 계절이라는 것을 잊게 하는 날씨. 그만큼 인간 세상과(?) 동떨어진 산중에 우리 둘만 있다. 여러 생각을 하며 코너를 도는데!

산장이 보였다. 으앙. 눈물 날 뻔했어.

사막에서 오아시스를 만나면 이런 느낌일까? 반갑다 센지아

　그런데 저 멀리 산장 앞에 사람의 형상이 안 보인다. 돌로미티에서 만났던 세 군데의 산장은 이미 야외 테이블에 사람들이 가득했는데 여기는 한 명도 없다. 운영하는 거 맞나? 예약도 안 하고 왔는데 숙박을 못하면 어떻게 하지? 등등의 고민이 또 줄을 선다. 막상 그토록 바라던 산장을 만났음에도 또 다른 종류의 불안이 찾아오니 나도 참 문제다. 어떤 상황에서도 만사태평한 쭌의 표정과 대비되는 나. 일상 속에서도 늘 이런 식이다.

　일단 가봅시다, 산장으로.

센지아 산장
Rifugio. Pian di Cengia(2,528m)

그토록 원하던 센지아 산장에 도착해서 또 다른 걱정이 생기는 상황이다. 영업을 하는 건지, 안 하는 건지 야외에는 사람이 한 명도 없다. 그냥 덩그러니 건물만 있고 그 옆에 더 덩그러니 쭌이 서 있다.

사람이 안보인다. 설마 닫은 건 아니겠지

웬걸!

작은 나무 건물 안으로 문을 열고 들어가니 사람이 가득하다. 추운 밖의 날씨가 무색하게 훈훈한 실내 공기. 테이블 몇 개에 옹기종기 모여 있는 사람들. 여긴 정말로 쉬어가는 제대로 산장 분위기다. 최소한의 공간에 꼭 필요한 것만 채워놓은 그런 곳.

소소하게 걸어놓은 커튼과 액자 그리고 소품들이 따스한 분위기를 만들어 문밖 외계 행성 찬바람의 기억을 단숨에 잊게 한다. 작은 바에는 각종 마실 것이 가득해서(물론 유료) 다들 맥주 한 잔으로 등반의 노곤함을 풀고 있다. 창가의 직원 테이블에도 방금 다 마신 빈 맥주잔과 노트북이 주인 없이 놓여 있어 슬슬 저녁 준비를 하러 주방에 들어갔다는 것을 알 수 있

다. 아, 맞다. 우리 예약 안 했지! 이렇게 훈훈한 분위기에 같이 젖을 상
황이 아니잖아. 자리 없다고 나가라고 하면 어쩐다. 어서 물어보자.

"여기 혹시 잠자리 남았나요?"

다락에 도미토리 침대들이 있는데 딱 한 자리만 남았다고 한다. 나머
지 한 명은 식당에서 재워주겠다는 그나마 반가운 제안도 한다. 아무래
도 일반 관광지의 숙박업소가 아닌, 산속의 오갈 데 없는 사람들을 상
대하다 보니 어떤 상황에서라도 내쫓지는 않는구나. 밤이 오면서 점점
더 추워지는데 밖으로 내몰리면 얼어 죽을지 모른다(물론 우리의 용감한 쭌
씨는 동굴 속에서 침낭 펴고 주무실 수 있다고 하지만). 또 다른 희소식은 4명의
가족이 침대 4개를 예약했는데 만약에 오지 않는다면 그 자리를 줄 수
있다며 행운을 기다리자고 한다. 제발.

그제야 숙박 가격을 살펴본다. 얼마나 비싸든 무조건 지불하고 묵어
야 하는 상황. 뭐든지 가격을 보고 할지 말지를 결정하는 짠순이인 나
도 이번에는 예외다. 그냥 잠만 자는 것과 하프 보드(half board), 이렇게
두 가지로 나뉘는데 하프 보드는 저녁 식사와 잠자리, 아침 식사까지
다 제공받는 것을 뜻한다. 가격은 27과 57유로로 두 배 이상의 차이.
하프 보드를 선택하면 둘이서 하루 114유로(약 15만 원)다. 우리에겐 아
주 큰돈이지만 다른 생각을 할 겨를도 없다. 나타나준 게 그저 고마운
'산장님'이시니까. 주위를 둘러보니 10명 남짓한 손님들이 모두 저녁 식
사를 기다리고 있다. 모두들 하프 보드를 택하는구나. 7시 땡 하면 전
원이 동시에 밥을 먹게 되겠구나.

잠자리도 어느 정도 확보했겠다, 여러모로 마음이 놓이니 이제 편안하게 지금을 즐기기로 한다. 식사 시간 전까지 다시 천천히 산장을 둘러본다. 작지만 깨끗한 세면실 그러나 샤워실은 없다(산 위에서 샤워할 생각은 원래 안 하는 게 맞다). 돌로미티 등반 초부터 휴대폰은 이미 전화와 인터넷 기능이 먹통이라 카메라만 사용하고 있었는데 유료 와이파이가 15분에 2.5유로란다. 그러나 아주 급한 일이 없는 한 샤워할 생각을 안 하듯 인터넷 생각도 없다. 그리고 실제로 세상의 상황에 별 관심이 없어진 지 오래. 전기도 저녁 7시 30분부터 8시 30분까지 딱 한 시간만 들어오니 그때 모든 충전을 마쳐야 한다.

야외 테이블에 나가서 둘이 수다를 떨고 있는데 말을 걸어오는 아일랜드 여인. 지오그라피 선생님이라고 소개를 하길래 나도 지리학 전공이라고 괜히 한번 말을 보탰다. 그녀와 이 얘기 저 얘기 하다가 추워서 그녀는 금세 들어가고 우리는 노란 부리의 까마귀들과 대화를 이어간다. 돌로미티에는 이 까만 친구들이 정말 많은데 자세히 보면 아주 잘 생겼다.

다시 따뜻한 산장 안으로 들어와 자리를 잡는다. 우리 뒤 테이블의 이탈리아 커플은 예비부부인데 다음 달에 결혼해서 3주 동안 네팔로 신혼여행을 간다고 한다. 우리는 한 달짜리 신혼여행 중이라니까 그걸 또 부러워하고. 자전거를 타고 다니는 운동 부부라서 어찌나 건강하던지 배울 점이 많았다. 식당의 테이블은 세 개뿐이라 자연스럽게 합석을 하게 된다. 독일, 아일랜드, 한국 이렇게 삼국의 사람들이 먼저 자리하고 나중에 그 이탈리아 예비부부까지 합세해서 매우 글로벌하고 떠들썩한 저녁 식사가 되었다.

우리 앞에 앉은 독일인 부부와 아들의 아름다운 세 식구. 동독 출신이라는 부부는 순수와 순진에 가까운 표정과 태도로 우릴 대했는데 아내는 영어를 전혀 못하고, 남편과 아이는 조금은 하지만 나보다도 못하는 수준이라 대화는 적게, 바디랭귀지와 눈빛 교환은 길게 했다. 축구 선수가 되고 싶다는 어린 아들을 하나의 독립적인 인격체로 대하는, 진심으로 사랑하면서 그의 의견을 존중하는 태도가 매우 인상적이다. 우리나라가 둘로 나뉜 것을 잘 아는 어머니는 베를린 장벽과 통일이 되던 시기의 상황에 대해 자신의 폰에 저장된 사진을 보여주며 독일어로 천천히 설명하고 우리는 이해하려고 노력했다. 전혀 모르는 언어지만 그 순간 마음과 마음이 만나는 신기한 경험을 했다. 잊지 못할 시간.

드디어 식사가 나온다. 에피타이저부터 수프, 메인 코스에 샐러드 뷔페와 디저트까지. 산장이라고 대충 주는 것이 절대 아니었다. 마치 고급

레스토랑처럼 플레이팅 하나하나 세심하게 신경을 쓴 걸 보니 하프 보드의 가격이 아깝지 않다.

그런데 정말 믿지 못할 일이 벌어졌으니 입맛이 없어진 것. 감기가 지독하게 걸려도 식욕이 줄지 않는 식탐녀로 유명한 내가 이런 일미를 앞에 두고 대체 어인 일인가. 게다가 하루 종일 산에 있었으니 배가 고파서라도 허겁지겁 먹어야 하는데 도통 먹지 못하겠다. 나중에 알고 보니 고산병 증상으로 식욕을 비롯한 모든 의욕이 떨어졌던 것. 처음부터 2,200m에서 산행을 시작했고 쉬고 있는 이 산장도 2,500m 이상이어서 증세가 심해지고 있었다. 산에 올라왔다가 그날로 내려갔으면 모르고 넘어갔을 텐데 산 위에서 잠까지 자게 되니 점점 드러나는 문제.

식사를 마치고 쭌이 갖고 올
라온 수박을 후식으로 다 같
이 나눠 먹었다. 수박을 꺼내 오
니 다들 놀란 눈빛을 감추지 못
한다. '대체 저 무거운 걸 왜 여
기까지 지고 올라온 거지? 수박
없인 못 사나?'라고 생각했을까.
2,500m 고지에 수박을 들고 오른 사람은 그가 처음일 거다. 이렇게 후
식까지 즐거운 식사 시간을 마쳤다.

잠시 밖으로 나왔다. 돌로미티 산중에서 밤을 보내게 되다니 신기할
뿐이다. 풍경을 바라보며 서 있는데 완전한 밤이 내리기 전, 주변이 온통
짙은 안개로 휩싸이기 시작하자 무서움이 마음을 흔든다. 쪼르르 실내
로 들어오면 훈훈한 분위기와 다정한 사람들에 다시 마음이 안정된다.

이곳은 본의 아니게 단체생활을 하
게 한다. 다 같이 밥을 먹고 다 같이
사다리 타고 다락으로 올라가서 다
같이 동시에 취침. 다행히도 네 명이 예
약했던 그 방이 취소되어 우리 둘과
밑의 식당에서 잘 뻔한 여성 두 명이
행운의 침대를 차지하게 되었다.

다락으로 올라가니 도미토리 침대

들이 다닥다닥 붙어 있다. 아까 같이 밥을 먹은 사람들이 아래위 그리고 나란하게 누워서 잠을 청하게 된다. 우리야 행운의 자리가 생겨서 다행이지만 무조건! 예약을 했어야 했다는 교훈을 다시 한번 마음에 새겨본다.

10시에 바로 스르르 잠들었다가 12시 반에 번쩍 눈이 떠졌다. 속이 너무 울렁거린다. 이것도 고산병의 증상. 같은 공간에서 모두 같이 자고 있으니 따로 불을 켤 수도 없고 부스럭거리는 소리가 시끄러울까 봐 신경이 쓰인다. 너무 컴컴해서 앞도 보이지 않는 상태로 더듬더듬 바나나 한 개를 챙겨서 화장실로 내려간다.

유일하게 밤에 불을 켤 수 있는 화장실 바닥에 앉아서 살겠다고 바나나를 먹고 있으니 가본 적도 없는 군대에 온 기분이 든다. 거기서 우물쭈물 좀 더 있다가 다시 사다리를 타고 다락 내 침대로 돌아온다.

잠결에 내가 일어난 것에 반응을 한 쭌이 건너편 침대에서 손을 내민다. 내 손을 잡는다. 그리고 다시 잠이 든다.

돌로미티 봉우리, 구름의 춤

새벽에 깨어 혼자 잠시 힘들었지만 그 시간에 전화기에 일기도 쓰고, 다시 잠들어 아침에 일어났다. 7시부터 아침 식사를 준다고 했는데 6시가 좀 넘으니 사람들이 하나둘 일어난다. 전원이 같은 생활 리듬으로 밥 먹고 생활하고 잠자고 일어나서 아침 먹고 다시 산행을 시작하는 게 낯설지만 재밌다. 우리나라의 산장은 일행끼리 밥을 지어 먹고 놀고 자는 데 비해 여긴 모든 것을 다 같이 하게 되는 시스템이라 특별했다. 그러나 하루니까 하지, 며칠 동안 이런 일률적인 단체생활을 하라면 나는 많이 힘들 것 같다.

우린 7시에 일어나 화장실 좀 쓰고, 다들 식사가 끝난 자리에 앉아 아침을 먹기 시작했다. 간단하게 뷔페가 준비되어 있다. 시리얼, 요거트, 빵 등등 일명 유럽식 아침 식사. 어제부터 고산병 증상으로 속이 울렁거렸는데 이런 찬 음식과 빵을 먹어야 한다니. 슬프지만 또 이게 어딘가(쭌아, 라면 좀 끓여주라). 이 와중에도 창문 밖으로 보이는 풍경, 어제는 그리도 쌀쌀하게 굴더니 아침이 되니 환하고 쨍쨍하다.

짐을 챙겨 들고 인사를 하려는데 친절한 직원이 산장 너머 30분쯤 오르면 끝내주는 뷰포인트가 있다고 가르쳐준다. 안 가볼 수 없지. 짐을 맡기고 올라간다. 오호, 살짝 오르자마자 보이는 구름의 바다. 앞으로

구름의 흐름을 눈높이에서 감상한다

보여줄 풍경의 예고편 같다. 산장에서 자야만 볼 수 있는 돌로미티의 아침 얼굴. 아까 발밑에 있던 구름이 금세 올라와 사방이 안개에 뒤덮인 것처럼 앞이 안 보인다. 그럴 때면 굳이 앞을 보려 하지 않고 바닥을 본다. 이 높은 곳에서도 올망졸망 자기 몫을 하고 있는 작지만 예쁘고 생명력 강한 꽃들과 하나하나 눈인사를 하며 걷는다.

태양이 돌로미티에 '핀 조명'을 내리면 구름이 먼저 춤을 추기 시작한다. 머리카락이 사방으로 나부끼게 되는 강한 바람, 그 엄청난 소리가 음악이 되어 모든 자연이 그 리듬에 자신을 맡긴다.

좀 더 올라간다. 좋은 포인트마다 세계대전의 흔적이 있다. 작은 돌들로 벽을 쭉 쌓아놓은 참호는 지금 봐도 전쟁 중에 급하게 만들었다고 보기 힘들 정도로 매끈하다. 저 안에서 총을 쏘고 보초를 서고, 가족을 그리워하고 엄마 생각을 했겠지. 대체 무슨 이유로 그 많은 사람들의 생이 부서져야 하는가. 전쟁은 정말 인간이 일으키는 가장 잔인한 재앙이다.

센지아 산장에서 30분 안에 도달하는 정상까지 한 걸음 한 걸음이 너무나 예술이다. 구름이 저 밑에 있다가 스멀스멀 올라오면서 산을 가

리다 넘어가고, 슬쩍 모습을 보
여준다. 이렇게 시시각각 첨예하
게 다르게 펼쳐지는 장관을 지
켜보는 맛. 그러면서도 까마득
한 낭떠러지를 지나갈 때는 다
리가 후들거린다. 여기서 떨어지
면 거의 3,000m를 낙하해야 하
는 건가. 무섭다.

산장 직원이 가르쳐준 대로
정말 정상에 십자가가 있다. 둘
러보니 저 멀리 다른 봉우리에
도 가느다란 줄에 의지해 서 있
는 십자가가 보인다. 이탈리아
에서 유독 십자가를 많이 본 것
같은데 산의 가장 아슬아슬한
부분에 세워놓다니 대단하다.
전쟁에서 유명을 달리한 병사들
의 넋을 기리기 위한 것 아닐까,
혼자 생각해본다.

십자가 앞에까지 가지 못하고 잠시 후퇴. 바람이 너무 심해져서 이
상태로 올라가면 위험할 것 같다는 판단이다. 너무 춥기도 하니 일단
바로 밑의 동굴로 잠시 피신하자. 동굴 속에서 보는 반대편 풍경 속의

점점이 보이는 마을, 거리감이 무뎌진다

구름들이 또 춤을 추기 시작한다. 아까와는 다른 리듬으로. 한참을 구경하다가 춤이 멈추면 바람도 멈춘 것이니 동굴에서 나와 다시 봉우리로 오른다.

사방이 낭떠러지에 잡을 곳도 하나 없어 바위에 납작 엎드려 아래를 내려다보지도 못하겠다. 그러나 쭌은 절벽 끝에 앉아 계신다. 사람이 이렇게 달라요. 살금살금 나도 가까이 다가가본다. 그리고 거리감이 도통 느껴지지 않는 저 아랫마을을 바라본다. 저기서도 우리가 있는 봉우리가 보이겠지. 매일 이런 산을 보고 사는 사람들은 어떤 마음일지 알프스 여행 내내 궁금했다.

돌로미티와 작별. 꼭 또 올게. 더 머물게.

산장에 돌아가서 짐을 챙겨 들고 본격적인 하산을 시작한다. 올라왔던 101번 길로 내려가도 좋고 104번으로 가면 또 다른 풍경을 보며 갈 수도 있다. 아직도 구름이 점령하고 있는 고산의 모습은 신선이 걸어 나와도 크게 놀라지 않을 것 같은 포스. 열심히 내려가봅시다.

구름과 함께 하산한다

가파른 내리막길을 만나는 순간, 내려가면 다시 올라가야 할 걸 알기에 쭌은 산기슭의 아슬아슬한 샛길로 가자고 한다. 뭐 나도 일정 부분 동의하므로 따라간다(그러나 이 샛길이 초래한 결과는 좋지 않았다). 발 하나 지나갈 정도의 실낱같이 좁은 길. 하얀 석회암 돌멩이가 깔린 길을 자갈자갈 소리 내며 앞뒤 일렬로 지나간다. 풍경은 또 어쩌나 아름다운지 계속 사진을 찍느라 진도가 안 나가고 그러다가 간혹 건너편에 사람이 나타나면 한 명은 산쪽으로 바짝 붙어서 비켜주어야 지나갈 수 있다. 전화기는 등반 직전부터 내내 안 터지니 세상과는 단절된 지 오래요, 인터넷을 찾아볼 수가 없어 온전히 안내판과 '촉'에만 의지해서 가야 한다. 진정한 아날로그 산, 돌로미티.

이 산꼭대기에 폐가가 갑자기 나타났다. 얼마나 오래되었는지 벽의 뼈대만 남아 있다. 잠시 몸을 녹이고 먹을 것 좀 먹고 가자. 그래도 아직 집의 형상이 남아 있어 이곳에 사람의 온기가 있던 시절을 상상해본다. 2,500m가 넘는 산중에 홀로 한 채가 있는 걸 보니 산장일 확률이

높다. 내가 어제 그랬던 것처럼 서로 모르는 사람들이 모여서 같이 밥을 먹고 얘기하고 밤을 보냈겠지. 형체만 우두커니 남은 집을 보니 괜히 내 집도 아닌데 마음이 휑하다. 틀만 앙상하게 남은 창문으로 보이는 돌로미티는 눈치도 없이 여전히 아름답고. 그 창가에 앉아서 좀 더 쉬고 다시 길을 떠난다.

이 길이 정녕 맞는 걸까. 모래 산도 아니고 발만 대면 빠지고 부스러지는 데다 한 명만 겨우 들어갈 좁은 길이 시종일관 의심스럽다. 저 멀리 다가오는 세 명의 일행이 우리 바로 앞에서 갑자기 길도 없는 가파른 돌무더기 경사를 따라 아래로 내려가기 시작한다.

'미쳤나 봐, 왜 저런대?' 우리 둘은 위험천만한 그들의 행동에 혀를 끌끌 차며 의아해했다. 그러나 잠시 후 우리도 저 신세가 된다. 사람의 일은 정말 한 치 앞도 모르며 어려운 길을 가고 있는 그 누구도 함부로 판단해서는 안 되겠다는 뼈저린 교훈을 얻는다. 일단 그들을 지나서 가던 방향으로 계속 이동했다.

오르막의 끝까지 한참을 오르니 평온한 지대가 나온다. 푸르고 평평

한 고요가 흐르는 곳. 그런데 왠지 불안한 평지다. 좋으면서도 마음이 왜 이렇게 일렁이는지. '이렇게 쉽게 끝날 거 같지 않은데….'

그리고 갑자기 봉우리가 떡하니 나타난다. 사람들은 잔뜩

장비를 갖추고 암벽을 오르고 있다. 어쩐지 오는 내내 만나는 사람마다 헬멧을 쓰고 하네스(암벽등반용 벨트)를 차고 있더라니. 봉우리의 높이가 상당하다. 반대편에서 건너와 쉬고 있는 커플에게 상황을 물어본다. 앞의 절벽 아래로 내려가서, 보이는 정상까지 로프를 잡고 오르면 거기서 끝이 아니라 그 뒤에 더 크고 오르기 어려운 봉우리가 하나 더 있다고 한다. 어찌나 친절하고 해맑게 우리의 암울한 사태를 웃으며 정리해주시던지. 우리에게 암벽등반 장비가 있냐고 물어본다. 없으면 안 될뿐더러 준처럼 집채만 한 배낭을 메고 있으면 더 불가능하단다. 게다가 초행이면 더 안 된다고, 위험하다고 만류하며 지도를 보여준다. ++++로 표시가 되어 있는데 어려운 길이라는 뜻이다.

눈앞에 나타난 봉우리. 장비 없이는 넘을 수 없다

최악의 상황을 해맑게 설명해주던 커플

저 봉우리 두 개만 넘으면 목적지인데 왔던 길을 돌아가는 것은 물론, 중간에 가파르게 올라왔던 길을 거꾸로 내려가야 한다니 머릿속이 너무 복잡하다. 남들이 암벽등반 장비를 갖추고 가는 봉우리를 맨손으로 오르는 것도 무리고, 왔던 길을 돌아 아까 마주쳤던 그 세 명처럼 가파른 자갈 비탈을 내려가기도 앞이 캄캄하다. 쭌은 장비 없이 암벽을 탈 수 있다고 하는데 뭐 혼자면 충분히 하실 수도 있을 분이다. 그러나 비박용 커다란 백팩까지 메고는 절대 안 될 일. 여행 중에는 무조건 안전이 최우선이라는 걸 다시 한번 상기한다. 잠시 회의, 돌아가자는 내 의견이 당연히 힘을 얻었다. 어쩐지 꼭대기의 평온함이 왠지 불안하더라니.

왔던 길을 다시 되돌아가서 아까 만났던 (속으로 의아해했던) 그 세 사람이 내려갔던 자갈 비탈 앞에 섰다. 거대한 채석장을 내려가는 느낌. 한 발을 내디딜 때마다 자갈 무더기 속으로 발이 푹푹 빠진다. 다리가 너무 후들거리지만 스틱에 의지해서 한 발 한 발 디딘다. 어찌 됐건 내려가야 한다. 그리고 104번 길을 만나기까지 1시간은 걸린 것 같다.

가파른 자갈 비탈을 내려가야 한다

아, 벌판에 누워버리고 싶다. 결국 안정적인 아니, 정상적인 길이 저 멀리 보이고 급격히 마음이 놓인다. 인생에서도 이런 일이 생길 때가 있겠지. 남들 다 가는 길이 싫다고 우리만의 길을 나섰다가 결국 한계에 봉착해서 다시 돌아가야 하는 그런 상황. 그래도 후회는 없다. 재미있었고 배운 것도 있었으니.

드디어 만난 넓은 길. 이제야 웃는 나. 쭌은 워낙 어떤 상황에서도 아무 걱정이 없으셔서 꼭 나 혼자 겪은 어려움 같다. 이제부터는 열심히 즐기면서 내려가야지. 그런데 산을 내려갈수록 둘의 얼굴이 점점 벌겋게 된다. 왜 그러지?

하루 만에 다시 만난 트리치메는 얼굴 가득 구름 모자를 눌러 쓰고 있다. 작별 인사를 하고 작은 호수를 지나 코너를 도니 반가운 라바레도 산장이 보인다. 그 앞에 자리를 잡고 잠시 앉았다. 어제오늘의 여러 가지 스펙터클한 일들은 벌써 추억이 되었다.

거의 다 내려올 즈음부터 오늘 어디

다시 만난 트레치메

로 갈지 고민이 시작된다. 쭌은 오스트리아로 넘어가자고 한다. 긴장이 풀리니 이틀간의 피로가 한꺼번에 몰려오는 것 같다. 장거리 운전은 일단 보류하기로 한다. 드디어 우리의 '홍이'가 기다리고 있는 아우론조 산장에 도착, 이제야 전화가 되고 인터넷이 터진다. 쭌은 열심히 다음 갈 곳을 찾고 나는 운전해서 일단 산을 내려가기 시작한다. 올라왔던 길을 다시 내려가니 어제 아침의 설렘이 떠오른다.

이렇게 이번 여행 최대의 장관을 만끽하며, 두렵기도 즐겁기도 했던 돌로미티 산행을 마쳤다.

차를 타고 아래로 내려가니 급격하게 얼굴이 더 벌게지며 열이 오른다. 고산병이 풀리면서 겪는 증상. 2,000m 이상의 고도에서 하룻밤을 자는 동안에 산소가 부족해 혈액 순환에 장애가 생긴다. 그리고 아침에 오른 정상에선 아무리 숨을 크게 쉬어도 얕게만 느껴지는 상황을 겪었고 나는 식욕부진과 의욕 감퇴 증상까지 있었는데 그것 역시 고산병의 일종. 이제 저지대로 오면서 산소가 많아져 얼굴이 터질 듯 홍조를 띠고 열이 난다. 그리고 이 모든 것도 지나가더라. 다 지나간다.

여기서 가장 가까운 오스트리아의 도시 '리엔츠'로 급하게 목적지를 정했다. 나라는 다르지만 같은 돌로미티 산자락의 끝 즈음에 있는 곳. 너무 대단한 풍경을 봤으니 이제 소소하게 작은 도시에서 좀 쉬자는 생각이다. 여기서 차로 한 시간이면 도착한다.

중간에 갑자기 비가 오기 시작해서 텐트 칠 걱정이 앞섰지만 그 덕에 엄청나게 뚜렷하고 커다란 쌍무지개를 봤다. 기분이 천연색이 됐다. 이게 우리 앞날의 예후 아닐까. 하하.

06 이탈리아 ▌▌
캠핑 토블라케르 제
CAMPING TOBLACHER SEE

돌로미티 인근의 거대한 기업형 캠핑장. 토블라케르 제라고 불리는 아름다운 호수를 끼고 있다. 캠핑장이 그 자체로 관광명소, 비교적 비싼 편이지만 푸라그세르 호수에 지지 않는 멋진 풍경을 선사하고 리조트급 대단위 시설이 체계적으로 잘 갖추어져 있으며 관리도 철저하다. 돌로미티, 특히 트레치메에 방문하는 사람들에게 인기가 높다. 친자연(?)적인 방갈로도 운영한다(1박 38만 원).
트레치메로 가는 고급 기착지.

▌기본정보 ▌

위치 Toblacher See 3, 39034 Dobbiaco BZ, Italy
전화 +39(0) 0474 973138(8:00 ~ 18:00)
홈페이지 https://www.toblachersee.com - →
입장료 1박 60,000원(어른2 소형텐트 기준, 주차 포함)
영업기간 1월 9일 ~ 10월 31일
시설 주차 O 와이파이 O 전기 O 개수대 O 화장실 O 샤워 O 애완견 O 모닥불 X

▌부가정보 ▌

바닥 잔디
마트 쿱coop(차량 6분)
부대시설 매점, 방갈로, 레스토랑(다양한 이탈리아 요리와 와인, 점심과 저녁만 제공)
주변활동 프라그세르 호수(차량 20분), 유네스코 세계유산 돌로미티(아우론조 산장, 차량 20분)

구글맵

캠핑 토블라케르 제

캠핑 토블라케르 제에서 마트 쿱, 차량 이동(6분)

캠핑 토블라케르 제에서 프라그세르 호수
차량 이동(20분)

캠핑 토블라케르 제에서 아우론조 산장
차량 이동(20분)

Czech

Austria

Switzerland

Italy

EUROPE CAMPING

COMFORT CAMPING FALKEN

FALKENWEG 7, 9900 LIENZ, AUSTRIA
+43(0) 664 4107973(8:00 - 18:00)
WWW.CAMPING-FALKEN.COM

Campsite Checklist

☑ Parking

☑ Shower

☑ WiFi

☑ Cafeteria

☑ Electricity

☑ Mart

☑ Sink

☑ Pet

☑ Restroom

☒ Campfire

#10 **오스트리아**
리엔즈

컴포트 캠핑 팔켄
리엔츠
문라이트 쇼핑 데이

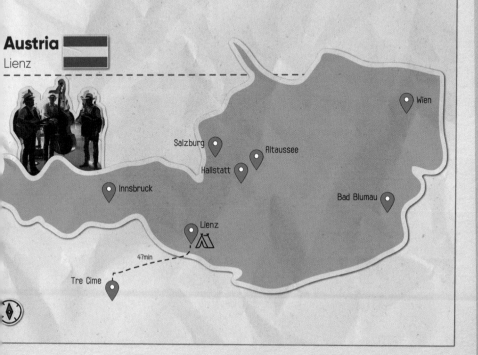

Austria

Lienz

Wien

Salzburg
Altaussee
Hallstatt

Innsbruck

Bad Blumau

Lienz

47min

Tre Cime

컴포트 캠핑 팔켄
Comfort Camping Falken

리엔츠Lienz는 오스트리아 남부 티롤주에 있는 도시로 알프스산맥 기 슭에 위치, 이탈리아 국경과 가깝다.

며칠 동안 실컷 마주한 돌로미티, 그 산맥의 끝자락을 다른 나라에서 만나니 또 색다르다. 운전하는 동안 쭌이 찾은 캠핑장 컴포트 캠핑 팔 켄. 저 멀리 보이는 알프스와 바로 앞 들판의 풍경이 마음에 든다. 체크인을 하고 텐트를 친다. 캠핑카 사이트와 구분이 되어 있어 이 잔디밭에는 텐트 들만 모여 있다. 초록 나무 아래에 자 유롭게 보금자리를 마련한 다양한 사 람들. 하산한 지 얼마 되지 않아 너무 피곤하고 몸이 말을 안 들었지만 우리 집은 우리 손으로 지어야(?) 하니 꾸물 거릴 수가 없다.

화장실과 샤워실이 있는 건물은 입 구부터 자동문이다. 청소도 잘 되어

있어 아주 번쩍번쩍 깨끗하다. 나이 지긋한 할머니 직원이 자기 집처럼 청소와 관리를 하신다. 종종 마주치며 눈인사를 나눠서 그런지 더 깨끗이 사용하려고 애쓰게 된다. 음용수도 따로 있고 샤워실, 세면실에 물도 콸콸 나온다. 화장실은 칸마다 휴지가 거의 20개씩 벽에 걸려 있는 진풍경을 볼 수 있다. 여기 사장님이 예전에 화장실에서 휴지가 떨어져서 무슨 봉변을 당했나 싶을 정도. 설거지 공간은 야외에 있고 언제나 깨끗하다. 쓰는 사람들도 뒤처리에 모두 신경을 쓰는지라 나도 동참하게 된다.

세탁실은 리셉션에서 코인을 구입해서 사용하는데 세탁기와 건조기가 따로 있고, 사용자가 많지 않아서 언제라도 편하게 쓸 수 있다. 부엌에는 인덕션이 있어서 간단한 조리를 할 수 있고, 공용 냉장고에 편하게 음료를 넣어둘 수도 있다. 단, 칸칸이 나뉘어 있는 개인 냉장고는 유료. 리셉션 건물의 작은 매점에는 있어야 할 것이 다 있다. 아침에는 모닝 빵도 팔고 음료, 주류, 통조림, 세면도구, 가스 등 캠핑에 필요한 것들이 구비되어 있어 편리하다.

캠핑장 앞의 너른 밭에 나가본다. 알프스를 뒤에 두르고 바스락바스락 바람의 노래를 하는 곡식들. 동적이지만 정적인, 고요하지만 리드미컬한 풍경을 바라본다. 역시 자연이 좋구나. 본격적인 도시 구경은 내일 하기로 하고 텐트로 돌아와 저녁 준비를 한다. 오스트리아에서 처음 갔던 알타우제의 캠핑장은 어둠이 내리기 전부터 아무런 소리도 들리지 않아 작은 숨소리까지 조심할 정도였는데 여긴 상당히 자유로운 분위

우리가 내려온 돌로미티가 멀리 보인다

기라 마치 다른 나라 같다. 심지어 새벽까지 떠드는 팀도 있었다. 바로 옆의 스위스 아저씨는 홀로 여행 중이신데, 당신이 그 동안 다닌 루트와 앞으로 갈 곳들을 지도를 펴고 자세히 알려 주시는 등 틈만 나면 우리에게 말을 걸어오신다. 대체 몇 년식인지 가늠도 할 수 없는 오래된 빨간 오픈카에 직접 각목으로 연결한 타프도 인상적이다.

아직도 꿈인지 생시인지 믿어지지 않는 돌로미티 산행을 마치고 언제 그랬냐는 듯 평화로운 캠핑장에서 휴식을 취하다가 너무 피곤해서 밥을 먹고 바로 뻗었다.

"서울에 가서 이렇게 치열하게 살면 우리 둘 다 대박이겠다!"
누가 먼저랄 것도 없이 이런 얘기가 절로 나온다.

모든 사사로운 순간에도 에너지가 쓰이니 여행이겠지, 일상에 돌아가서 이렇게 살라고 하면 피곤해서 어찌 살까.

리엔츠
Lienz

리엔츠의 아침. 벌써 여행을 시작한 지 20일이 지났다. 처음에는 시차 때문에 새벽에 꼭 깨고 다시 잠들지 못해 고생했는데 언제부터인지 그런 날이 거의 없다. 아침 일곱 시면 눈이 번쩍 뜨인다. 어젯밤 기절 모드로 뻗었다가 일어나니 컨디션이 맑다. 게다가 날씨도 너무 화창하고 캠핑장 시설도 맘에 쏙 들어서 기분이 좋다. 어제 남은 된장찌개에 흰죽과 계란 프라이, 오이 무침으로 맛있게 배를 채운다. 오늘은 별거하지 않고 쉬엄쉬엄 시간을 보내기로 했다.

아침을 느긋하게 먹고 이틀 동안 묵혔던(?) 몸을 씻고 드디어 대망의 세탁 시간. 거의 보름 만의 세탁인 것 같다. 어제 사놓은 4.5유로 코인으로 여행의 찌든 때를 한 번에 돌리고 빨래가 되는 동안 우리는 각자 리셉션 앞 탁자에서 와이파이를 누린다. 일기를 쓰고 서울과 연락도 하고 시원한 산바람을 맞으며 제대로 여유를 부리는 시간. 그 사이에 쭌은 빨랫

줄을 만들어 세탁물을 널었고 우린 다시 배가 고파졌다. 히딩 크야 뭐야, 자꾸만 고프다.

베트남 쌀국수를 만들어 먹자. 전기밥솥에 육수를 진득하게 끓이니 아주 진국이다. 제육 볶음에 통조림도 하나 열어서 맛있게 먹고 낮잠을 청한다. 돌로미티의 여운이 남아서 아직도 고단하다. 낮잠 없는 쭌도 눕자마자 코를 쿨쿨 골고. 잘 자다가 텐트 안의 윙윙거리는 똥파리 한 마리 때문에 깼다. 이 짜증을 어쩌리오. 그걸 잡겠다는 불굴의 쭌은 아예 일어나시고 나는 더 잤다. 깨어보니 저녁 6시. 이 정도 시간은 아직 저녁 축에도 못 드는 유럽의 여름. 해가 지려면 3시간은 지나야 하니 도시 구경도 할 겸 저녁도 먹을 겸 시내로 나간다.

오스트리아 리엔츠. 보기만 해도 알겠다. 살기 좋은 곳이라는 걸. 빙하수의 불투명 푸른 강물이 씩씩하게 흐르고 그 옆을 따라 초록 공원이 가득하다. 조용하고 깨끗한 마을. 무뚝뚝해 보일 법한 회색 굴다리도 담쟁이넝쿨이 가득 덮어 멋있다. 강을 건너면 바로 다운타운인데 쇼핑몰 이름이 돌로미티인 게 반갑다. 역시 1층부터 아웃도어 매장이 넓게 펼쳐진다. 건물을 지나자 마을 입구부터 뭔가 시끌시끌한 라이브 밴드 음악 소리가 들린다. 조용한 마을에 사람들이 가득하다.

오늘 대체 무슨 날인 거지?

문라이트 쇼핑 데이
Moonlight shopping day

길거리까지 테이블이 깔리고 간이 무대엔 흥겨운 3인조 밴드가 신나는 연주로 분위기를 띄운다. 영락없는 축제 분위기. 대체 무슨 영문인지도 모른 채 우리도 흥겨운 분위기 속으로 일단 들어간다. 공중에 걸려 있는 옷가지가 마치 빨래를 널어놓은 것 같은데 이런 디스플레이가 너무 멋있다고 연신 감탄하는 쭌. 골목마다 사람들이 빽빽하게 가득하고 시끌벅적하다. 번화가로 조금 더 들어가니 맘에 드는 가게가 보인다. 게다가 전 품목이 거의 '떨이' 수준으로 세일을 하고 있다. 구경을 하고 나와 메인 거리로 향하니 사람들이 정말 기하급수적으로 늘어난다. 우리나라 2002년 월드컵 때 길거리를

연상할 정도의 인파라서 '이 조용한 도시에 대체 오늘 무슨 일인 거지?' 하는 궁금한 마음이 커진다.

야외 바에서 칵테일을 마시며 신나게 이 분위기를 즐기고 있는 아름다운 언니들 틈에 끼어서 설명을 들었다. '문라이트 쇼핑 데이'라는 축제 날이란다. 어머, 쇼핑 축제가 다 있구나. 그렇다면 우리도 본격적으로 구경에 나서볼까. 메인 거리에 도착하니 정말 사람들이 가득해서 이 도시의

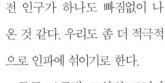

전 인구가 하나도 빠짐없이 나온 것 같다. 우리도 좀 더 적극적으로 인파에 섞이기로 한다.

둥근 보름달 모양의 조명이 하늘에 둥둥 떠서 날이 더 어두워지기를 기다리고 있다. 지나는 가게마다 모두 '세일(sale)'이란 글씨를 달았고 할인율도 엄청나다. 마치 내일은 없다는 듯, 오늘 이 물건을 다 팔아야 하는 의무를 가진 것처럼 보이는 고마운 상황이라니. 꼭 무언가를 사지 않더라도 동네의 흔치 않은 떠들썩한 축제를 그냥 지나치는 사람은 없다. 2층의 노부부도 아예 창문을 활짝 젖혀 놓

고 진심으로 즐기고 있다. 커다란 바구니를 목에 걸고 용돈벌이로 빵을 파는 아이에게도 어른들의 지갑이 후하게 열린다.

'문라이트 쇼핑'에 대한 설명이 나와 있는 팸플릿을 발견했다. 오스트리아 리엔츠, 이 도시에서 1년에 단 이틀, 7월과 8월에 하루씩만 하는 축제인데 우리가 딱! 그날에 온 것이다. 아무 생각 없이 찾은 도시, 그저 잠시 머물다 가려다가 캠핑장이 너무 좋아서 하루 더 연장한 상황인데 이런 행운이 오다니.

쇼핑 거리의 다양한 가게들은 구경하는 것만으로 재밌다. 조용한 이 도시에서 이렇게 많은 사람을 한꺼번에 볼 수 있는 건 오직 오늘뿐일 것 같다. 골목골목 어디든 사람이 가득하고 열기가 후끈하다. 이 많은 사람들 중에서도 동양인은 역시 우리 둘뿐. 늘 겪는 일이니 놀랍지도 않다. 거리 곳곳에

라이브 밴드들이 다양한 음악을 연주해 흥겨운 분위기를 거리 가득 채

흥겨운 거리의 많은 밴드 중 가장 내 취향이었던 트리오

위 넣고 있다. 누가 보면 음악 페스티벌인 줄 알 정도로 끊임없이 음악
이 흘러 넘친다. 역시 축제는 음악이 빠지면 안 된다는 것을 확실히 느
끼며 우리도 맘껏 즐긴다.

여러개의 보름달이 둥실 떠오른다

날이 어두워질수록 사람들은 더욱
많아진다. 달 모양으로 띄운 조명은
남색 하늘이 더 짙어질수록 정말 가까
이 뜬 달처럼 빛을 내기 시작해 축제의
주인공임을 드러낸다. 맘에 드는 밴드
가 나타나면 그 자리에 서서 음악을
듣거나, 흥이 넘치는 사람들은 자신만

의 춤 삼매경에 빠지기도 한다. 내게 가장 인상 깊었던 팀은 아코디언,
기타, 콘트라베이스의 구성으로 전통 음악을 들려주던 트리오. 그들의

음악을 듣는 내내 지나온 알프스의 아름다운 풍경들이 떠올랐다.

점점 빠져나가기 힘들 정도로 인구 밀도(?)가 거의 포화상태에 가까워진다. 워낙 사람 많은 걸 힘들어하는 나는 완전히 방전되었다. 마음은 이 시간을 더 즐기고 싶지만, 급격히 저하되는 컨디션에 후퇴를 결정한다. 숙소로 돌아가기 전 마을 입구의 케밥집에서 밥을 먹고 좀 쉬었다 가기로 했다. 푸짐한 음식으로 에너지를 충전하고 돌아간다.

이런 여행이 정말 좋다. 예정에도 없던, 아무 정보도 없던 곳에서 행운의 축제를 만나는 것.

우리만의 도시가 하나 더 늘었다.

07 오스트리아 ▀▀▀
컴포트 캠핑 팔켄
Comfort Camping Falken

리엔츠는 오스트리아와 이탈리아의 국경에 위치한 작은 소도시다. 도시 초입의 캠핑 팔켄은 두 나라를 오가는 여행가들의 편안한 중간 휴식처. 시설이 깨끗하고 조용하다. 세탁실(유료)이 있는 점이 특이점. 장기 여행에서 쌓인 빨래를 한번에 처리했다. 캠핑장에 여유롭게 앉아 멀리 돌로미티의 끝자락을 바라본 시간도 인상 깊었던 기억. 근처에 유서 깊은 슐로스 브룩 성Schloss Bruck이 있고 여유가 있다면 시내 바로 옆에서 알파인 코스터Osttirodler Alpine Coaster 같은 액티비티도 시도해보자.

기본정보

위치 Falkenweg 7, 9900 Lienz, Austria
전화 +43(0) 664 4107973(8:00 ~ 18:00)
홈페이지 http://www.camping-falken.com - ►
입장료 1박 35유로(47,000원, 어른2 소형텐트 기준, 주차 포함)
영업기간 10월 말까지
시설 주차O 와이파이O 전기O 개수대O 화장실O 샤워O 애완견O 모닥불X

부가정보

바닥 잔디
마트 아덱Adeg Mair(도보 10분)
부대시설 세탁실, 숯불 바베큐 그릴, 키오스크 및 바(과자, 와인, 맥주, 통조림, 캠핑 장비 등)
주변활동 리엔츠 시내(도보 15분), 슐로스 브룩 성(차량 6분), 오스티로들러 알파인 코스터 (차량 5분)

구글맵

🗺 컴포트 캠핑 팔켄

🗺 캠핑 팔켄에서 동네 마트, 도보 이동(약 10분)

🗺 캠핑 팔켄에서 오스티로들러 알파인 코스터
차량 이동(약 5분)

🗺 캠핑 팔켄에서 슐로스 브룩 성, 차량 이동(약 6분)

#11 오스트리아
블루마우

로크너 바트 블루마우
어둠 속의 집

Austria
Bad Blumau

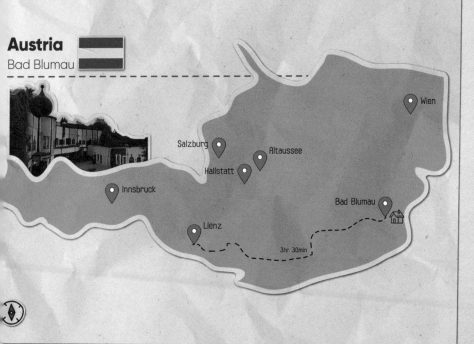

- Wien
- Salzburg
- Altaussee
- Hallstatt
- Innsbruck
- Bad Blumau
- Lienz

3hr 30min

로크너 바트 블루마우
Rogner Bad Blumau

7월 14일. 오늘은 훈데르트바서(Friedensreich Hundertwasser)의 동화의 나라, 바트 블루마우에 간다. 무려 14년 만의 방문이다. 리엔츠에서 4시간 정도 떨어진 거리라서 일찍 서두른다고 했는데도 또 늦었다. 늘 이렇다. 밥해 먹고 설거지하고 텐트 정리하고 차에 싣는 시간이 아무리 해도 줄지가 않는다. 새벽같이 일어나야 하는데 그건 또 왜 그렇게 힘든 건지. 어찌됐건 좀 늦었지만 부지런히 가보자. 달밤의 행운, 리엔츠와 인사를 나누고.

바트 블루마우는 오스트리아 슈타이어마르크(Steiermark)주에 있는 마을이다. 작은 온천지역인데 원래 이름은 '블루마우(Blumau)'. 2001년 온천 휴양지로 개발되면서 온천을 뜻하는 '바트(BAD)'를 이름 앞에 붙이게 되었다. 오스트리아 최고의 자연주의 건축가이자 화가인 훈데르트바서는 어린아이가 그림을 그리듯 건축하는 것으로 유명하다. 자연에는 직선이 하나도 없다는 그의 말을 접하고 내 생각도 많이 바뀌었다. 인위적이지 않은 자연의 곡선을 사랑하게 되었다.

그의 작품이 고즈넉한 시골 온천 마을을 만나 세계적인 리조트, 로크너 바트 블루마우로 탄생했다.

바트 블루마우를 구글맵에 찍고 무사히 도착했는데 무언가 분위기가 이상하다. 내가 기억하는 알록달록 동화 속 동산 같은 분위기는커녕, 지나는 사람도 거의 없는 작은 시골 마을이라니. 구글에 다시 찍어봐도 자꾸만 이곳을 가리킨다.

마침 저 앞에 내가 언제나 의지하는 'i' 표시가 보인다. 관광 안내소의 친절한 직원을 만나자 모든 의문이 풀린다. 바트 블루마우는 리조트의 이름이 아니라, 이 지역 전부를 일컫는 말이란다. '로크너 바트 블루마우'가 리조트의 정식 명칭이므로 내비게이션에는 이렇게 정확하게 찍어야 한다. 블루마우 리조트로 가는 방법과 주차장, 셔틀버스 이용법까지 자세한 설명을 듣고 감사하다는 말을 연신하며 다시 차에 오른다.

리조트는 마을에서 차로 5분도 안 걸리는 곳에 있었다. 주차를 하고 인포메이션 건물에 들어가니 손님들이 있다. 비가 부슬부슬 오는 날씨라서 이용객이 별로 없긴 하지만 영업을 한다는 건 확인했으니 안심하고 리조트를 향해 걸어 들어간다. 〈이상한 나라의 앨리스〉에 나올 법한 나무다리를 건너니 꿈에도 몇 번 나오던 그 예쁜 마을이 눈앞에 펼쳐진다. 어쩜 이렇게 여전할까. 14년 전보다 덜하지도 더하지도 않은 딱 그 느낌 그대로 있어주니 고맙다. 구불구불 직선이 없는 나지막한 건물, 그 위에는 초록의 풀과 나무들이 가득해 제주의 오름이 생각난다. 멀리서 바라보면 리

조트가 아닌, 살짝 구릉이 있는 초록 벌판으로 보이겠다.

어느새 시간은 오후 5시에 가까워진다. 원래 계획했던 3시간 코스는 26유로. 그런데 5시부터 밤 11시까지 무려 6시간을 자유롭게 즐길 수

자연주의 건축가 훈데르트바서의 솜씨

알록달록 라커룸

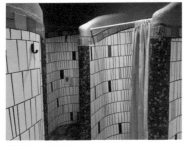

샤워실도 그림 같다

있는 이브닝 코스가 28유로다. 당연히 이브닝 코스를 선택, 늦게 도착한 것이 오히려 전화위복이 되었다. 계산을 마치니 손목에 시계처럼 생긴 것을 채워준다. 돈을 먼저 쓰고 나중에 후불로 계산하는 시스템. 우리나라 찜질방과 비슷하다. 희고 풍성한 가운과 커다란 타월을 두 개씩 받아들고 드디어 입장.

라커룸은 남녀 구분이 없어서 어찌할지 당황스럽다. 둘러보니 라커 옆에 작은 탈의실이 있어 거기서 옷을 갈아입으면 된다. 탈의실, 복도, 기둥, 창문 하나하나 심지어 화장실까지 눈에 닿는 모든 것이 같은 모양이 하나도 없다. 어쩜 이렇게 예쁠까.

이브닝 코스가 시작되는 5시가 되자 사람들이 많아진다. 다들 자리를 잡고 스파를 하거나 긴 의자에 앉아 책을 읽는 등 자유롭고 조용하게 이곳을 즐긴다. 건물 곳곳에 햇빛을 충분히 통과시킬 만한 커다란 창문이 많아서 시시각각 다른 자연조명으로 채워지고 있다.

　온천의 온도는 거의 체온과 비슷하다. 수영을 조금 하니 금방 몸이 더워진다. 크게 움직이기보다는 그냥 유유히 떠 있는 사람들이 대부분. 우리도 실내에서 실외로 흐르는 물에 가만히 몸을 맡긴다. 내리던 비가 멎고 날씨가 딱 적당해졌다. 그런데 배가 좀 고파온다. 레스토랑으로 가자.

　블루마우 리조트의 모든 직원은 이 마을 주민이다. 성수기에는 300명이 넘는 사람들이 여기서 일한다. 레스토랑의 모든 재료도 이 지역에

서 재배된 것들이다. 게다가 리조트답지 않게 음식 가격도 적당하다. 뭘 먹을지 심사숙고한 끝에 파스타를 시킨다. 다시 물에 들어가 몸을 녹이는 동안 자리를 비운 테이블에 음식이 나오자 참새들이 난리가 났다. 결국 한 마리가 파스타 면 한 줄을 물고 달아났다. 웃음이 난다.

건강한 소스와 버섯, 고소한 잣가루 그리고 고불고불 곱창 머리끈처럼 생긴 파스타 면발과의 밸런스도 참 좋다. 별 기대 없었는데 '우와우와!' 이러면서 숟가락으로 소스까지 싹싹 긁어먹었다. 얇은 햄과 구운 수박이 다소 곳이 나오는 요리도 어쩜 그리 맛나는지. 가격은 착하고 맛도 좋은 데다 재료에 대한 착한 사연을 알고 먹으니 더욱 흐뭇하다. 뷔페식 샐러드까지 접시에 차곡차곡 담아와 야무지게 먹고 나왔다.

노천 온천으로 넘어왔다. 물이 더 미끈거리는 것 같은 느낌이 들어 피부에 좋을 것 같다. 중간중간 둥그런 노천탕에 앉아 온천을 즐기는 사람들의 표정이 편안하다. 어둠이 내리면 따스한 조명빛이 채워지고 야외에는 중간중

로맨틱한 노천 온천

간 모닥불을 피워주니 이렇게 로맨틱한 곳이 없다. 긴 스티로폼을 가져와 두 팔로 안고 둥둥 떠 있으니 눈이 감긴다. 시간은 왜 이렇게 빠른 걸까. 숙소 주인이 기다리고 있으므로 이제 떠나야 한다. 샤워실 앞 화장대에는 로션과 헤어드라이어가 있어 별다른 준비물도 필요 없다.

단순한 스파 리조트라기보다는 훈데르트바서의 작품이라고 생각되는 '로크너 바트 블루마우'. 작은 시골 마을에서 주민들을 고용하고, 이곳의 농작물을 사용하는 등 운영 방법까지도 직선 없이 둥글둥글하다. 행복했던 시간을 뒤로하고 밖을 나서니 캄캄한 한밤중. 시골 구석에 있다는 숙소를 잘 찾아갈 수 있을까.

어둠 속의 집

바트 블루마우와 아쉽게 작별하고 에어비앤비로 예약한 숙소를 찾아간다. 도착지까지 18분이 걸린다고 내비게이션에 나오긴 하지만 가로등 하나 없는 시골길이라 어찌될지 모르겠다. 대체 주변에 뭐가 있는 건지 아무것도 보이지 않는 암흑 속을 조심조심 가다보니 갑자기 커다란 집이 나온다. 다행히도 잘 찾아왔다. 밤 12시가 되어가는 시간임에도 마중 나와 있는 호스트 제럴드. 너무 미안해서 빨리 인사를 하고 안으로 들어간다. 3만 원짜리 방이 크고 깨끗하다. 그런데 불안한 이 마음은 뭘까. 여기서 무슨 일이 나도 아무도 모를 것 같다. 이 허허벌판 시골집에서 동양인 부부가 사라진다 해도 전혀 이상한 일이 아닐 거라는, 혼자만의 스릴러 소설을 쓰기 시작하니 자꾸만 무섭다. 일단은 눈을 좀 붙이자.

새벽에 혼자만의 상상에 휩싸여 잠을 좀 설쳤다. 아침이 되어 밖으로 나오니 환하고 편안한 일상이 흐르고 있다. 초록이 가득한 시골집. 저 멀리 숲은 푸르고, 부지런한 아빠는 집 안 곳곳을 청소한다. 심심한 두 아이들은 동양인이 신기한지 자꾸만 독일어로 말을 걸며 쫓아다니는, 평범한 오스트리아 시골의 아침.

텃밭은 이슬을 머금어 촉촉하고 작은 호박들이 주렁주렁 풍성하다. 앞마당 끝에 서서 사방을 바라보니 온통 숲과 초원에 둘러싸여 있고 여러 채가 한 채로 이어져 있는 앞집의 구조가 특이하다. 지붕의 색을 보면 각기 다른 집들인데 'ㅁ' 모양으로 연결이 되어 있다. 자세히 보니 제럴드네도 옆집과 한 채로 이어졌다. 공동 입구로 들어가면 각각의 집 방향으로 갈라지는 복도가 나오고 'ㅁ' 자의 안마당은 공용이다. 두 집이 따로 또 같이 사는 셈.

두 명의 집 주인, 전형적인 오스트리아 사람의 외모에 너무나 순박하고 친절하다. 커피 머신에서 커피를 뽑아 들고 부엌 창밖을 보니, 그 자체가 액자요 그림이다. 그리고 오스트리아, 스위스 등의 나라에서 집 밖에 걸린 예쁜 화분의 비밀을 알았다. 직접 꽃꽂이하고 정성껏 관리하는 것. 국민이 부지런해야 나라가 예뻐지는구나. 아침 식사로 짜파게티와 불닭 볶음면을 섞어 불닭게티를 만들었다. 볶음김치와 함께하니 역시 맛나다. 밥을 먹고 나와보니 동네 남자들이 다 모여 있다. 뭘 고치는지, 뭘 의논하는지 모르지만 같이 있는 모습이 자연스럽다.

짧은 시간이었지만 선하고 순박한 사람들과 일상을 함께했더니 기분이 좋아졌다.

언젠가 또 만날 수 있길.

#12 오스트리아
빈

오스트리아 빈 입성
벨베데레 궁전
프라터 공원

Austria
Wien

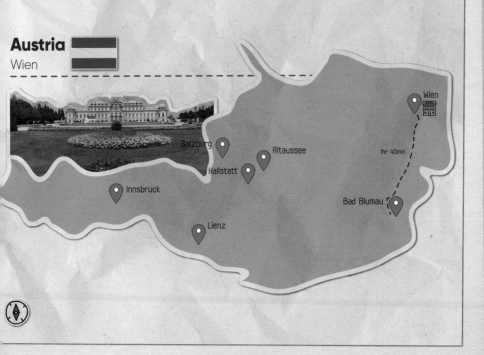

Wien

Salzburg

Altaussee

Hallstatt

1hr 40min

Innsbruck

Bad Blumau

Lienz

오스트리아 빈 입성
Wien

　오스트리아의 수도 빈. 푸른 도나우강이 유유히 흐르는 아름다운 이 도시는 1440년 합스부르크 왕가가 들어오면서 유럽 모든 분야의 중심이자 사실상 신성로마제국의 수도 역할을 했다. 그러나 세계대전 후 독일 베를린에 수도의 기능을 넘겨주고 점점 역사의 뒤안길로 가게 되었다. 부자가 망해도 3년은 간다고 했던가, 아무리 번성의 시대가 지났다

이번 여행에서 만난 가장 큰 도시 빈

고 해도 도시의 모습은 여전히 감탄을 자아낸다.

우리가 찾았던 여행지 중에 가장 큰 도시여서 차를 갖고 시내로 들어가기가 여간 부담스럽지 않다. 다행히 주말에 일요일은 시내 주차가 무료라고 한다. 숙소를 알아보니 캠핑장보다 싼 하루 4만 6,000원의 가격에 나온 호텔이 있다. 위치 또한 괜찮아서 급하게 결제를 했다.

큰 도시에 왔으니 시장 구경이 하고 싶어진다. 나슈마르크트 시장으로 가자. 16세기에 형성되기 시작했다는 이 오래된 시장은 길게 양쪽으로 가게들이 늘어서 있다. 많은 이민자를 받아들인 도시답게 아랍과 슬라브 계통의 향료와 음식 등을 판매하는 가게가 많다. 유명한 시장이라 관광객이 꽤 있지만 현지인들의 소소한 장 보기도 자연스럽게 이루어진다. 시장 중간에 아주 반가운 글씨 '한국'이 눈에 들어온다. 아시안 푸드 가게. 유럽 음식에 힘들었을 여행자들에게 단비가 되어줄 우리 라면들이 보인다.

시장 곳곳의 레스토랑에는 손님이 가득하다. 따사로운 볕을 받으며 간단히 점심을 먹기 좋은 곳. 지나가는 다양한 사람들 구경은 덤이다. 우린 시장에서 가장 오래되었다는 레스토랑을 찾았다. 가게의 역사를 메뉴판 앞에 자랑스레 써놓았다. 아침 식사 메뉴부터 샐러드와 수프, 빈의 전통 음식, 채식까지 다양하게 준비되어 있고 와인 리스트도 따로 있다. 오스트리아는 와인에도 자부심이 대단하다. 큰 와이너리들이 주변에 있으며 수도사들이 만든 와인과 맥주를 최고로 쳐서 유명한 양조장이 수도원인 경우도 많다.

쇠고기 수프(beef broth)가 먼저 나왔다. 국물 한가운데 떡하니 올려 있는 덤플링은 밀가루 덩어리에 가깝고 기름 가득한 고기 육수는 너무 짰다. 어딜 가나 기본은 하는 슈니첼은 여기도

여전히 담백했고, 같이 나온 감자 샐러드가 입에 잘 맞는다.

갑자기 엄청난 비가 쏟아진다. 야외임에도 커다란 처마 아래 테이블이라 충분히 비를 즐기기로 한다. 우리나라 같으면 우산이 없음을 심각하게 걱정할 텐데 이 동네 날씨를 계속 겪어본 우리는 별 신경을 쓰지 않는다. 갑자기 쏟아지는 비는 언제 그랬냐는 듯 곧 맑아지곤 했거든. 마치 열대 지방의 스콜을 대하듯 비가 오면 잠시 피해 있다가 그치면 다시 움직이면 된다. 30분 정도 쏟아지더니 정말 거짓말처럼 뚝 그쳤다. 식사를 마치고 숙소로 돌아가기 위해 길을 나선다. 시장 길거리에서 파는 체리가 큰 봉지 가득에 2유로, 좀 물러진 것도 있지만 체리를 애정하는 나는 그저 좋다. 들고 다니면서 비타민을 보충하고 다음 날까지도 야무지게 먹었다.

벨베데레 궁전
Belvedere Museum

정말 푹 잘 잤다. 역시 하얀 시트 깔끔한 호텔이 좋긴 좋다. 시설은
좀 낡았어도 넓고 깨끗해서 불편함이 없었다. 텐트 속에서 침낭을 덮고
자던 우리에게는 이 정도면 천국. 물론 매일 호텔에서만 자라고 하면
재미없어서 다시 텐트를 들고 자연으로 들어갈 테지만.

날씨가 정말 좋다. 빈의 멋진 거리와 파란 하늘, 새하얀 구름의 조화,
호텔 건물에서 나오자마자 감탄의 단어들이 쏟아진다. 배가 출출하니
우선 브런치를 먹고 움직이기로 한다. 야외 테이블이 있는 식당, 영어는
아니지만 친절하게도 메뉴판에 사진이 있어서 대충 두 가지를 찍는다.
스테이크와 오징어튀김처럼 생겨서 시켰는데 튀김은 오징어맛 어묵 수
준이고 스테이크는 특유의 냄새가 나
는 '소의 간'이었다. 결국 감자튀김만
골라서 드시는 쭌. 맛있는 음식을 시
키는 일은 아직도 너무 어렵다.
　벨베데레 궁전을 향해 간다. 길 건
너에는 현대식 높은 건물들이 즐비해

서 올드시티와 확연히 차이가 난다. 유럽이라고 모두 옛 건물에 사는 것은 아니다. 전통의 도심을 철저하게 보존하지만 그 지역을 벗어나면 신도시들이 보인다.

클림트의 '키스'로 유명한 벨베데레 궁전은 빈의 세력가 오이겐 폰 사

보이 공의 여름 별궁이었다가 그가 사망한 뒤, 합스부르크가에서 매입해 증축하고 미술품을 보관하기 시작했다. '합스부르크'는 오스트리아 전역의 중요한 장소마다 이름이 등장하는구나. '벨베데레'는 주택이나 정원 높은 곳에 전망용으로 만들어놓은 것을 뜻하는 건축 용어. 궁전 이름이 아예 벨베데레인 것을 보면 궁전 건물에서 내려다보는 정원이 얼마나 아름다울지 예상이 된다. 전체적으로 넘침이 없고 크기와 정원의 배치까지 완벽하다. 상궁과 하궁으로 나뉘어 있지만 클림트의 그림이 있는 상궁을 찾는 사람들이 당연히 많다. 상궁만 들어갈 수 있는 티켓 가격은 20유로. 그 앞에 서면 아래로 펼쳐진 정원부터 저 멀리 조금 낮은 곳에 있는 하궁까지 한눈에 들어온다.

상궁에 서면 정원이 한 눈에 내려다보인다

클림트의 그림이 가장 유명하긴 하지만 층마다 다른 시대의 좋은 작품이 많이 전시되어 있다. 오랜 시간 천천히 둘러볼 마음으로 1층부터 시작한다. 궁전이라는 공간이 주는 힘이 상당하다. 천장이 높아 한참 올려다봐야 하는 중앙홀은 화려한 샹들리에와 그 비싸다는 붉은 대리석으로 꾸민 말 그대로 럭셔리한 공간이다. 이 홀에서 얼마나 많은 귀족들의 연회가 이루어졌을까. 중앙의 커다란 창문 앞에 서면 '벨베데레'라는 명칭을 확인할 수 있게 정원이 한눈에 들어온다. 저 끝의 하궁까지 완만한 경사로 한 번에 펼쳐지는 정원은 한 폭의 양탄자 같다. 서양식 정원은 우리와 참 다르구나. 하늘의 융단 구름까지 풍경에 힘을 보태어 아름답고 평화로운 오후가 사진처럼 눈에 새겨진다.

어두운 방에 유난히 사람들이 많다. 사진을 찍고 있는 사람들의 정면에 조명을 받아 빛나고 있는 'The Kiss(연인)'. 이렇게 큰 그림인 줄 몰랐다. 앞에 서자마자 엄청난 기운이 훅 하고 들어온다. 그동안 세로로 길게 두 인물만 나온 인쇄물을 많이 봤는데 원작은 거의 정사각형에 가깝다. 그동안 다른 비율로 봤다는 게 아쉽다.

절벽 끝의 두 남녀, 바닥엔 꽃이 가득하고 배경과 피사체, 언덕은 온통 금빛이다. 실제로 보면 더 번쩍일 줄 알았는데 그렇지는 않고 은은하게 빛나는 모습. 그림을 아예 모르는 나도 한참을 서서 감상하게 된다. 보편적인 평을 보면 남자의 남성성이 강조되고 그에 비해 여자의 태도는 수동적으로 보인다고 하던데 나는 그렇지 않

벨베데레를 한 번도 나간 적이 없는 그림, 키스

았다. 남자의 일방적인 키스가 아닌 여자도 꽤 적극적인 자세로 그를 안고 있다고 느껴졌다. 대등하고 격렬하게 서로 깊이 사랑하는 남녀이기에 절벽 끝에서도 꽃밭을 느끼지 않았을까. 클림트의 '키스'는 벨베데레 궁전에서 나간 적이 없다고 한다. 한마디로 직접 보고 싶으면 오스트리아, 빈으로 오라는 의미. 충분히 그럴 만한 가치가 있는 작품이었다.

작품 하나하나 감상하느라 쭌의 존재를 잠시 잊고 있었다. 찾아보니 저기 우두커니 앉아 있다. 앞의 작품을 하염없이 보고 있는 그의 눈가가 촉촉해 보인다. "무슨 일이야?"

그의 학생 시절 우연히 손에 들어온 달력에서 보고 반해, 오려서 반지하 방 벽면에 붙여놓았던 그림이 갑자기 지금 눈앞에 나타난 것이다. 바로 클림트의 풍경화. 직접 볼 기회는 절대 없을 거라 생각했던 작품을 눈앞에 마주하니 감회가 남달랐나 보다.

프라터 공원
Prater park

에단 호크의 풋풋한 얼굴을 볼 수 있는 영화 〈비포 선라이즈〉에서 둘이 데이트하던 놀이동산, 프라터 공원에 간다. 멀리서도 한눈에 보이는 높이 솟은 기둥(알고 보니 놀이 기구. 잠시 후 나의 혼을 나가게 함)을 향해 가면 되니 찾기 쉽다.

프라터 공원은 원래 합스부르크가의 사냥터였다(오스트리아 어떤 명소에도 이 가문의 이름은 빠지지 않는구나). 1766년에 일반인에게 개방한 후 지금까지 사랑을 받고 있는 공원. 들어서자마자 우리나라의 월미도가 생각나는 뭔가 과하게 밝고 신나는 분위기인데 날이 저물수록 더욱 피어난다.

세계에서 가장 오래된 놀이 공원 프라터

놀이기구들이 상당히 많은

데 정말 센 놈들만(?) 있다. 나 같은 겁쟁이가 탈 만한 거라곤 도통 보이지 않는다. 하늘 위에서 빠르게 빙빙 돌아가는 기구를 타자고 조르는 쭌. 우리가 올 때 지표로 삼았던 그 높은 기둥에 의자들이 매달려 있다. 보기만 해도 덜덜 떨리는데 대체 이 남자는 신혼여행에서 신부를 비

명횡사시키려는 건가. 발 받침대도 없는 의자에 앉아 허공에 발이 동동 뜬 채 하늘과 비슷한 높이에서 빠르게 돌고 있는, 저걸 나더러 같이 타자고? 말도 안 되는 얘기를 왜 자꾸 하는 거니. 자리가 두 개라고 꼭 두 명이 타란 법은 없잖아.

계속해서 투덜대다가 정신을 차려보니, 그 의자에 내가 앉아 있다. 바로 하늘로 오르기 시작한다. 눈을 중간에 1초 정도 떴는데 정말 죽을 것 같아서 더 꼭 감았다. 기구를 타고 있는 몇 분 동안이 몇 시간처럼 느껴진다. 양손으로 옆의 쇠사슬을 하도 꽉 잡아서 손바닥에 그 무늬가 선명하게 새겨졌다. 이런 나

를 보며 옆에서 여유 있게 영상을 찍는 쭌. 같은 사람인데 어떻게 공포에 대한 체감이 이리도 다를까. 내려서도 한참 동안 정신을 못 차렸다.

정신을 좀 차리고 둘러보니 야외 레스토랑에서 식사와 맥주를 즐기는 시민이 많다. 유모차를 밀고 나온 부부, 젊은 한 무리의 친구들, 예쁜 연인 등 모두 이곳의 축제 같은 분위기를 만끽하고 있다. 입장료를 따로 받지 않으니 자유롭게 사람들이 드나든다. 어느새 완전히 밤이 내렸다. 입이 심심한데 때마침 눈앞에 줄이 긴 도넛 가게가 보인다. 푸근한 할머니가 직접 만들어주는 초코 시럽 뿌린 몰랑몰랑 도넛을 한 접시 사서 벤치에 앉았다. 정문 앞의 대관람차가 느리게 돌고 있다. 〈비포 선라이즈〉에서 남녀 주인공이 진하게 키스했던 그곳.

영화 〈비포 선라이즈〉의 한 장면

14년 전 빈에 왔을 때 여기 살던 분이 추천했던 프라터 공원. 시내 한복판에 이런 놀이동산이 있는 것에 너무 놀랐고 처음 맛본 학센(독일식 족발)과 맥주 맛을 잊지 못했다. 빈 시민들은 굳이 놀이 기구를 타러 공원에 오는 것이 아니라 입장료도 따로 없으니 편하게 들어와 이 분위기를 자유롭게 즐긴다. 서울에도 무료 입장 야외 놀이동산이 있다면 재밌겠다는 상상을 해보며 빈의 여행을 마무리한다.

#13 체코
브르노

체코 제2의 도시, 브르노
양배추 마켓 광장
성 베드로 성 바울 대성당
슈필베르크 성

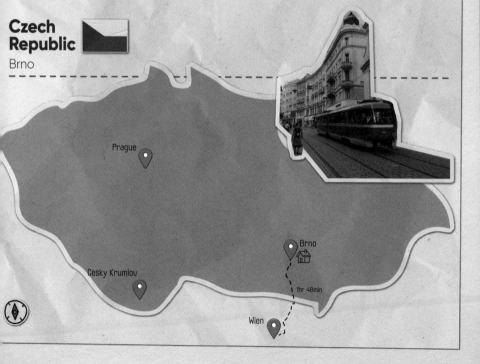

Czech Republic
Brno

Prague

Cesky Krumlov

Brno

1hr 48min

Wien

체코 제2의 도시, 브르노
Brno

오스트리아 빈을 떠나 해바라기가
끝도 없이 펼쳐지는 아름다운 벌판을
지나서 드디어 체코에 도착했다. 종착
지 프라하에서 여행을 끝내기 전에 마
지막으로 머무를 곳은 체코 제2의 도
시 브르노.

에어비앤비에서 찾은 숙소는 주차
도 되고 가격도 아주 싸다. 그러나 도
심에서 조금 떨어져 있다. 시내에서 트
램을 타고 가면 한 15분 정도 걸리는
동네의 한적한 주택가.

호스트의 인도를 받아 들어와보니
빌라의 반지하다. 유럽에도 반지하가

있구나. 10명도 거뜬히 수용할 정도의 넓은 장소에 침대만 5개, 책상도
많다(대체 왜?). 지하라서 그런지 습하고 살짝 냄새도 나는데 그걸 가리
려는 듯 향을 피워놓았다.

체코 제2의 도시지만 외곽은 조용하다

짐을 풀고 마실에 나서보니 동네가 참 편안하고 아기자기하다. 구글 검색으로 근방의 평점 높은 레스토랑을 찾았다. 이 방법은 늘 성공률이 높다.

찾아간 레스토랑은 동네 사람들이 모이는 맛집. 야외 테이블은 이미 만석이고 실내도 아주 넓다. 메뉴를 보니 마음이 좋아진다. 역시 체코. 오스트리아 식당의 반도 안 되는 가격에 웃음이 절로 난다. 500cc 한 잔에 2,000원도 안 하는 맥주는 거품 가득 톡 쏘는 맛과 향이 만족스럽다. 저녁은 들어가서 제육볶음을 해 먹자는 우리의 계획(한국 식재료가 너무 많이 남았기에)을 기억하며 '간단'하게 주문하기로 했다.

로스트비프 샐러드가 175코루나(약 9,600원). 여기서부터 일단 '간단'에서 멀어진다. 만 원도 안 하지만 빨간 고기 색이 살아있는 비프 타다키를 올린 샐러드가 너무 맛있어서 결국 립아이 스테이크를 시킨다. 300

예상 밖의 미식 여행

그램 립아이 스테이크가 295코루나라니(약 1만 6,200원) 안 시킬 수가 없
잖아. 미디엄 레어란 말을 안 했더니 취향보다 너무 익어서 좀 아쉬웠
지만 맛있게 먹었다. 누구나 좋아할 만한 매시포테이토가 39코루나(약
2,000원)에 신선한 토마토와 오이, 채소들이 어우러진 사이드 샐러드도
2,000~3,000원밖에 안 한다. 아, 행복하다, 브르노.

식사를 마치고 나오니 밤이 오고 있다. 밤 10시까지 문을 여는 마트
BILLA에 간다. 마트에서 제육볶음과 김치 담글 재료 등을 사고 귀가한
다. 아침 식사로 먹을 음식을 준비해놓고 모처럼 빵빵한 와이파이를 누
리다가 새벽에 잠이 들었다.

양배추 마켓 광장
Cabbage Market Square

아침부터 제육볶음 한상을 거하게 차렸다. 에어비앤비 숙소의 장점은 마음껏 요리할 수 있다는 것이다. 한국에서보다 더 제대로 차려진 한식 밥상. 여행의 끝이 다 되어가는데 한국 양념이 너무 많이 남아서 아낌없이 팍팍 사용하니 된장찌개도 더 걸쭉해졌다. 알배추 쌈에 제육볶음과 밥, 편마늘을 올려 든든히 배를 채운다.

시내에 가는 트램을 타려는데 뭐가 이렇게 어려운지 모르겠다. 나라마다 도시마다 모든 시스템을 새로 익혀야 하니 여전히 어려움이 많다. 정신 못 차리고 있는 우리를 위해 어디선가 모녀 천사 두 분이 나타났다. 심지어 당신들 돈으로 우리 표를 끊어주신다. 여행을 다니면서 이런 경우를 자꾸 겪는다. 한국에 가면 다른 사람들에게 이 은혜를 흘려 보내야겠다고 다시 한번 다짐한다.

긴 여행에서 많은 사람들의 도움을 받았다

트램을 타고 15분 정도 가면 시내에 도착한다. 체코 제2의 도시 브르노는 대학생이 많아 젊고 현대적이란 평가를 받는다. 멘델의 유전학이 이곳에서 정립되었으니 인류의 역사가 함께한 곳이기도 하다. 하늘에 트램 라인이 그물처럼 복잡한 곳이 교통의 중심, 브루노의 다운타운이다.

하늘에 트램 라인이 복잡하면 중심가

양배추 마켓 광장에는 직접 농사지은 작물을 파는 시장이 열리는데 장보러 나온 체코 아주머니들의 패션이 멋있어서 자꾸 쳐다보게 된다. 이곳은 현지인이 이용하는 진짜 시장. 13세기부터 시작되어 그 역사가 깊다. 일

800년이 넘은 유서 깊은 전통 시장

반 전통 시장보다는 규모가 훨씬 작은데 신선한 과일과 채소들이 예쁜 색과 모양을 뽐내고 있다. 중앙에 있는 울퉁불퉁한 파르나스 분수대 (Parnas fountain)는 브르노를 대표하는 장소. 이곳에서 멘델이 사색을 자주 했다고 한다.

브르노는 체코 제2의 도시라고 하지만 워낙 규모도 작고 관광객도 그리 많지 않아서 프라하보다 자연스러운 체코의 모습을 볼 수 있다.

성 베드로 성 바울 대성당
Cathedral of St. Peter and Paul

젊은 도시 브르노, 광장이 아닌 골목들에도 캐주얼한 펍들이 있고 맥주 한잔하며 담소를 나누는 청년들을 쉽게 볼 수 있다. 어디든 걸어갈 수 있는 작은 도시고, 전반적으로 조용하고 한적하다. 그러면서도 단정하게 아름다운 동유럽의 매력을 한껏 보여주는 도시.

브르노에서 가장 크고 유명한 성 베드로 성 바울 대성당을 찾았다. 고딕 양식임을 알 수 있는 뾰족함이 멀리서도 보이고, 내부는 바로크 양식으로 되어 있다.

보통 성당은 12시에 종을 치

성 베드로 성 바울 대성당의 화려한 입구

12번의 종이 11시에 울리는 것으로 유명하다

구 시청사의 푸른 첨탑

는데 여기는 11시에 12번의 종을 울리는 것으로 유명하다. 종교전쟁 당시 스웨덴군에게 포위를 당했을 때 적군의 장군이 다음 날 12시 전까지 이 도시를 정복하지 못하면 철수하겠다고 약속했다(왜 그런 약속을 했을까?). 점령당하기 일보 직전, 12시를 알리는 12번의 종이 울렸고 적군은 할 수 없이 약속을 지키기 위해 철수한다. 나중에 알고 보니 성당에서 미리 12번 종을 울려 도시를 구한 것이었다. 이후에도 이날을 기념하며 11시에 12번의 종을 울리는 전통을 이어가고 있다.

이제 구시가를 향해 걸어간다. 푸른 첨탑이 있는 건물이 구 시청사. 이상하

가운데가 구불어져 더욱 명물이 된 구 시청 조형물　　　　　　브르노의 상징 악어

게도 정문 위의 곧게 뻗은 다섯 개의 조형물 중 가운데 하나가 구부러졌다. 이게 무슨 일일까. 1510년, 후기 고딕 양식으로 만들어진 조각가 안톤 필그램의 작품인데 충분한 보수를 받지 못하자 이렇게 가운데를 구부려 불만을 나타낸 것이다. 참 용감하다. 공정한 페이가 지급되지 않았을 때 이런 과감한 행동을 할 수 있는 용기가 부럽다. 오히려 그런 이유로 더욱 명물이 되어버린 조각품, 그 밑의 문으로 들어가면 브르노의 상징인 악어가 천장에 달려 있다. 관광 인포메이션 센터도 여기 있으니 방문해서 지도도 얻고 기념품도 구입한다.

　시청을 나와 조금 더 가면 브르노의 가장 번화가, 자유광장이 나온다. 여기 또 대단한 선물이 준비되어 있었다. 체코의 전국을 순회하며 열리는 '보헤미아 재즈 페스티벌'이 브르노에서 오늘! 열린다는 사실. 게다가 무료 공연이다. 하필 어제도 내일도 아닌 우리가 이 도시에 머무

자유광장에서 누리는 자유

가는 날이 장날? 아니 공연날

는 그 하루에 딱 맞춰서 열리다니 이게 말이 되나. 여행의 선물을 도시마다 받고 간다. 리엔츠에서 문라이트 쇼핑 데이를 우연히 만났을 때처럼 거저 주어진 행운에 기분이 날아갈 것 같다. 저녁때쯤 시작한다고 하니 좀 더 시내 구경을 하고 오면 되겠다.

우리나라에도 이런 재즈 페스티벌이 있었으면 좋겠다. 서울에서 열리는 행사들은 티켓값이 많이 부담스러운데 몇 년 전 샌프란시스코에서 만난 재즈 페스티벌도, 지금 체코의 그것도 모두 무료 공연이다. 우리나라도 시청 앞에서 재즈 페스티벌을 무료로 열면 어떨까.

슈필베르크 성
Spilberk Castle

프라하에 프라하 성이 있다면 브
르노에는 슈필베르크 성이 있다. 도
통 성이 나올 것 같지 않은 한적한 공
원을 20~30분 오르면 네모 반듯하고
단순한 성곽이 보인다. 체코 제2의 도
시인 브르노의 성임에도 프라하 성에
비하면 규모도 작고 소박하고 사람도
거의 없다. 그래도 성곽의 느낌은 잘
살아있어 본업(?)에 충실한 모습이 듬
직하다.

이 성은 13세기 중반 브르노 서쪽 언덕 위에 고딕식으로 세워진 이후,
17세기에 바로크식으로 개축했다. 18세기, 포대가 들어오고 군사용 요
새로 용도가 바뀌었다가 18세기 말 황제의 명령으로 감옥으로 개조된
다. 이후 체코는 물론이고, 프랑스, 이탈리아, 폴란드 등 유럽 각국의 정
치범을 수용하게 되고 제2차 세계대전 중에는 나치에 의해 수용소로,
전후에는 군 시설로 사용되었다.

언덕 위의 성에서 내려다본 브르노 시내. 멀리 대성당이 보인다

요즘은 시민들의 휴식 장소, 전망 좋은 스팟으로 사랑받고 있다. 정상의 뷰포인트에는 레스토랑이 있고 그 앞에 서면 브르노 시내가 한눈에 들어온다. 음료 한 잔 시켜놓고 파라솔 아래 앉아 저 멀리 잔잔히 흐르는 브르노의 풍경을 보며 시간을 보내는 일, 빼놓을 수 없다.

다시 내려가는 길, 한적한 성 안에 유독 사람들이 몰리는 곳이 있어 가보니 공연을 한다. 성에서 웬 공연? 브르노시는 과거 정치 수용소로 사용됐던 이 성을 박물관, 공연장 등의 문화 공간으로 바꾸고 '브르노 국제 음악콩쿠르'라는 행사까지 접목해 연간 약 15만 명의 사람들이 이곳을 찾고 있다. 여러 형태와 사
연을 가진 파란만장했던 브르
노의 성이 이제는 시민들의 문
화와 휴식의 공간으로 다시 태
어났다. 노을이 지는 아름다운
시내의 전경을 바라보며 자유광
장으로 돌아간다.

광장에 도착하니 보헤미안
재즈 페스티벌의 메인 공연이
한창이다. 맥주 부스에 일단 줄
을 서서 한 잔에 1,000원대인 시
원한 생맥주를 받아 들고 음악

마지막까지 선물을 주는구나

에, 분위기에, 브르노에 빠져들 준비를 한다. 브라스 빅 밴드의 신나는 리듬과 음율이 흐르고 시종일관 흥겨운 무대 매너에 모두들 들썩인다. 이런 완벽한 공연이 무료라는 사실에 이 순간이 더욱 달콤하다. 체코의 전국 주요 도시를 하루씩 돌며 공연하는 '보헤미아 재즈 페스티벌'이 하필 우리가 브르노에 방문한 날, 딱 맞춰 하고 있다니. 이런 행운은 누구에게 감사해야 하나. 하늘의 색이 점점 코발트블루에서 짙은 남색으로 바뀌어도 신나는 음악과 그걸 즐기는 사람들의 호응은 지칠 줄 모른다. 좀 더 있고 싶지만 숙소로 돌아가야 할 시간, 자리를 빠져나오는 우리의 발길에 아쉬움이 가득하다. 브르노와 헤어지는 시간이 다가옴에 더 그런 거겠지.

대단한 관광지는 아니지만 명실공히 체코 제2의 도시답게 갖출 건 다 갖춘 도시. 한적하지만 열정이 있고, 조용하지만 밤이 살아 숨쉬는 매력 만점의 이곳을 잊지 못할 거 같다.

이제 내일이면 프라하로 돌아간다. 한 달에 걸친 유럽 여행의 끝이 오고 있다.

에필로그

인천공항에서 나오자마자 후끈거리는 열기에 숨이 턱 막힌다.

한 달 만에 돌아온 신혼집에는 '재개발 철거 예정' 딱지가 붙어 있다.

당장 집을 구해야 하는데 마땅한 곳이 통 나타나질 않는다.

인종이 바뀐 듯 까맣게 타버린 얼굴에 분장실 선생님이 난감해한다.

그동안 미루어두었던 일들에 각종 연락과 약속들이 더해져 하루하루 정신이 없다.

이렇게 나는 꿈에서 깬 듯 일상으로 돌아왔다. 현실이란 소용돌이에 휩쓸렸다.

그러다가 갑자기 사람이 북적이는 식당에 들어서면 '체스키 크룸로프'의 시끄러운 캠핑장이 생각났다. 하루 종일 웃고 떠드는 그들 틈에 껴 있던 그 시간에 문득 내가 서 있다. 북한산에 올라 흰 뭉게구름 아래 탁 트인 풍경을 바라보면 '그린델발트'의 달력 사진 같은 뷰에 감격하던 순간이 생각난다. 어느새 발밑으로 올망졸망 그때의 꽃들이 피어난다.

길을 헤매던 어느 날에는 외계 행성 같던 '돌로미티'에서 산장을 찾아 걸음을 재촉하던 불안함이 떠오른다. 마침내 머물 곳을 만나 따스한 밤을 보낸 것처럼 나는 이내 길을 찾으리라 믿는다.

쭌과 사소한 오해가 싹터 마음을 다치게 할 위기에는 한 달 동안 오직 한 곳을 보며 나아가던 우리 여행의 하루하루를 돌아본다. 낯선 곳, 그 세상에는 오직 둘뿐이어서 홀로 남지 않기 위해 서로를 어떻게든 이해하는 법을 알아야 했다.

돌아온 아침 제일 먼저 만나는 분, 새벽부터 나와서 고물을 줍고 고치고 분리하느라 하루가 분주한 우리집 주인아저씨의 부지런한 눈동자는 오스트리아 테멜 캠핑장의 부부와 똑 닮았다. 나도 그런 눈을 가진 어른이 되고 싶어졌다.

30일간의 잊지 못할 경험을 하고 돌아오니 늘 같던 내 주변의 모든 것이 다르게 보인다. 익숙해서 알아보지 못하던 보석 같은 일상들을 일부러 낯설게 바라보는 순간 또 다른 여행이 시작된다.

나는 떠날 것이고 또는 떠나지 않을 것이지만 어디서든 늘 여행자처럼 살고 싶다는 소망이 생겼다.

작은 일에도 늘 들뜨고 감동하고 싶다. 항상 곁에 있는 사람들을 더 그리워해야겠다. 매일매일에 호기심을 더하고 낯선 이들과의 대화를 즐기는 담백한 마음을 기르고 싶다.

삶은 여행이란 노래처럼

드넓은 이 세상 어디든 평화로이

춤추듯 흘러가는 신비를 누리고 싶어진다.